JÉRÔME CUNY
SINONVIRGULE
JEANNE BAVEREY
MARGOT BOITEL
RAPHAËLLE GARNIER

LA REDIRECTION ÉCOLOGIQUE DES ENTREPRISES

SE TRANSFORMER POUR ÊTRE COMPATIBLE AVEC LA NOUVELLE RÉALITÉ ÉCOLOGIQUE

DUNOD

Illustrations et cartographie réalisées par les auteurs.

Suivi éditorial : Ludivine Le Gall, Margaux Lidon
Couverture : Violette Eckmann
Fabrication : Maud Gilles
Mise en pages : Nord Compo

NOUS NOUS ENGAGEONS EN FAVEUR DE L'ENVIRONNEMENT :

PAPIER CERTIFIÉ

Nos livres sont imprimés sur des papiers certifiés pour réduire notre impact sur l'environnement.

Le format de nos ouvrages est pensé afin d'optimiser l'utilisation du papier.

Depuis plus de 30 ans, nous imprimons 70 % de nos livres en France et 25 % en Europe et nous mettons tout en œuvre pour augmenter cet engagement auprès des imprimeurs français.

Nous limitons l'utilisation du plastique sur nos ouvrages (film sur les couvertures et les livres).

11 rue Paul Bert, 92240 Malakoff
www.dunod.com
ISBN 978-2-10-087398-2

Préface

Un constat s'impose aujourd'hui : nous vivons dans un monde marqué par l'irréversible. La destruction des écosystèmes, les bouleversements climatiques, et les tensions sociales et économiques qui en résultent ne sont plus des avertissements lointains, mais des réalités déjà présentes. Ces phénomènes ne sont pas non plus des crises passagères que nous pourrions résoudre au moyen d'ajustements temporaires. Ils constituent les manifestations structurelles d'un système en voie d'échouage.

À mesure que s'accumulent les preuves scientifiques, les alertes des institutions et les conséquences tangibles sur nos vies, l'urgence d'une transformation radicale devient chaque jour plus tangible, voire indéniable. Et pourtant, le refus de ces perspectives ne fait que s'accroître. Comme si l'injonction à agir sans traduction effective crédible alimentait la défiance et avec elle le déni (à condition d'entendre par-là le rejet et non le refus de croire).

Ce livre prend racine dans ce contexte inédit. Son ambition dépasse celle d'un guide pratique ou d'une réflexion théorique : il s'agit d'un manifeste méthodique pour une redirection écologique des entreprises. Car il ne suffit plus de « faire mieux » dans les limites du paradigme actuel. Il faut s'interroger sur le sens même de certaines activités, sur leurs finalités, et sur leur compatibilité avec les conditions nécessaires au maintien de conditions d'habitabilité sur Terre. Cela implique de déplacer notre regard, de nous confronter à des vérités inconfortables et d'embrasser des chemins encore peu explorés. C'est précisément ce que propose cet ouvrage.

DE LA TRANSITION À LA REDIRECTION

La transition écologique, souvent mise en avant dans les discours politiques et économiques, s'est largement concentrée sur des transformations techniques et sectorielles : électrifier les mobilités, améliorer l'efficacité énergétique, développer des technologies bas-carbone. Ces efforts, bien qu'indispensables, et il faut le répéter, reposent encore sur une vision du monde linéaire et extractive, dans laquelle, parfois (car on peut mettre *beaucoup* de choses différentes derrière le mot « transition »), les moyens changent mais les finalités demeurent inchangées. La croissance économique, la maximisation des profits et l'accumulation matérielle continuent de dominer, même sous des habits plus « verts ». Pourtant, cette quête perpétuelle d'optimisation ignore une vérité fondamentale : nous vivons dans un système dont le fonctionnement et les limites/seuils/frontières importent au plus haut point.

La redirection écologique propose un autre chemin, complémentaire à celui d'une authentique transition. Elle invite à requestionner « nos » actions et ce qui les motive. Bien sûr, elle n'a pas l'apanage de cette réflexion. De nombreux courants politiques et intellectuels ont fait de ce questionnement le cœur de leur démarche. Toutefois, la réflexion engagée ici sur les buts, les attachements et sur les renoncements nécessaires pour rétablir un équilibre entre les capacités limitées de notre planète et les activités qui s'y déploient se veut une aide concrète au passage à l'action.

Ce livre montre que la redirection écologique est un processus exigeant, mais profondément libérateur. Il ne s'agit pas de revenir en arrière ou de renoncer aveuglément à tout ce qui constitue notre modernité. Au contraire, il s'agit de repenser certains choix, de reconnaître des dépendances et d'opérer collectivement une réorientation vers un futur viable. Ce changement de cap est à la fois une nécessité vitale et une opportunité de réparer les injustices, passées et présentes, dont nous héritons, moins dans une optique tournée vers le passé et la seule réparation que vers la construction d'un système plus juste ou moins injuste.

UN CHEMIN EN QUATRE ÉTAPES

L'originalité et la richesse de cet ouvrage résident dans son approche méthodique. La redirection écologique n'est pas une idée abstraite ; c'est un processus structuré, qui s'appuie sur quatre grandes étapes, chacune essentielle pour engager une transformation profonde et durable.

La première étape vers une véritable transformation écologique consiste à sensibiliser et susciter le trouble. Il ne suffit pas de transmettre des faits ou des données, aussi alarmants soient-ils, pour provoquer une prise de conscience profonde. Il s'agit de toucher à l'intime, de briser les certitudes et de confronter les croyances qui freinent l'action. En mobilisant des récits, des sciences et des expériences humaines, mais aussi en accueillant les émotions comme l'anxiété ou la colère, cette phase permet de déclencher une action collective. Car au cœur de chaque organisation, qu'il s'agisse des dirigeants, des employés ou des clients, résident des peurs, des attachements et des espoirs qu'il faut saisir pour inspirer une véritable dynamique de changement.

Vient ensuite la nécessité d'enquêter, une étape essentielle pour établir un diagnostic précis des impacts environnementaux et sociaux, mais aussi des capacités d'une organisation à évoluer. Ici, il ne s'agit pas seulement d'un bilan carbone ou d'un audit classique, mais d'une analyse systémique qui explore les tensions, les héritages et les vulnérabilités propres à chaque structure. Ce travail, souvent inconfortable, éclaire les contradictions entre les impératifs financiers et les exigences écologiques. Il met en lumière les marges de manœuvre possibles, tout en créant une base solide pour envisager les choix futurs avec lucidité.

L'arbitrage est l'étape où les décisions les plus difficiles doivent être prises. Transformer, réorienter, ou parfois abandonner certaines activités devient inévitable. Si le renoncement peut d'abord être perçu comme une perte, il se révèle ici un acte de responsabilité et de justice. Faire ces choix ne signifie pas sacrifier aveuglément, mais reconnaître ce qui est incompatible avec un avenir viable et agir en conséquence. Grâce à une vision à long terme, à des outils de prospective et à l'implication des parties prenantes, l'arbitrage devient un moment stratégique et éthique qui redéfinit le rôle de l'entreprise dans un monde en transition.

Enfin, il s'agit de rediriger, c'est-à-dire de mettre concrètement en œuvre les changements nécessaires. Cette phase dépasse les simples engagements de façade ou les certifications « vertes » : elle transforme en profondeur les pratiques, les structures de gouvernance et même la raison d'être des organisations. Cette redirection, bien qu'exigeante dans un environnement souvent hostile, ouvre la voie à de nouveaux modèles économiques qui créent de la valeur tout en respectant les limites planétaires. Elle marque le début d'un engagement courageux et résolu vers un avenir durable.

Ainsi, ces quatre étapes – sensibiliser, enquêter, arbitrer et rediriger – forment le cœur d'un cheminement méthodique pour relever les défis écologiques et humains de notre époque qui ne se contentent pas d'offrir une réponse à l'urgence, mais invite à une réinvention audacieuse et collective des entreprises, alignée avec les enjeux de notre planète et le besoin d'une justice sociale renouvelée.

UN APPEL À L'AUDACE ET À L'IMAGINATION

Cet ouvrage ne se contente pas de poser un diagnostic ou de proposer une méthode. Il est aussi un appel à l'audace et à l'imagination. Car si les défis qui nous attendent sont immenses, ils sont aussi porteurs d'enjeux inédits. La redirection écologique offre une chance unique de repenser le rôle des entreprises, non plus comme des vecteurs d'extraction et de consommation, mais, au-delà des organisations traditionnelles, comme des collectifs de soin, de réparation et de régénération, comme en attestent également plusieurs projets en cours, auprès des travailleuses et travailleurs, du public comme du privé[1].

En lisant ces pages, vous découvrirez des outils pratiques, des exemples inspirants, une cartographie du cheminement à opérer mais aussi des réflexions profondes sur les dilemmes et tensions qui jalonnent ce chemin. Ce livre ne vous donnera pas toutes les réponses – car chaque organisation, chaque contexte, chaque territoire a ses propres spécificités. Mais il vous donnera

1. Je pense en particulier au projet Bifurcation RH, porté par la ville de Grenoble, qui a permis d'enquêter sur le devenir de métiers de la fonction publique confrontés à des perspectives de transition/redirection, et au projet de Sécurité sociale de la redirection écologique (SSRE) qui entend permettre de créer un cadre ou faire entendre et résonner la voix des travailleuses et des travailleurs en posant la question de la nécessaire transformation des outils de production (Produire quoi ? Pour quoi ? Pour Qui ? Comment ?).

les clés pour poser les bonnes questions, pour engager des conversations urgentes et pour agir avec courage et cohérence.

À celles et ceux qui s'engagent dans cette redirection, je souhaite rappeler que ce n'est pas un chemin facile. Il demandera des renoncements, des apprentissages, et une capacité à naviguer dans l'incertitude. Mais il est aussi porteur d'un immense espoir : celui de commencer à construire un avenir où les collectifs seront alignés avec les enjeux de la soutenabilité et du système Terre.

Alexandre Monnin
Philosophe, enseignant-chercheur,
co-initiateur du courant de la redirection écologique

Sommaire

Introduction

Depuis la fin de la Seconde Guerre mondiale, notre monde a connu un essor économique extraordinaire, caractérisé par la trajectoire exponentielle d'un certain nombre de paramètres comme le produit intérieur brut mondial, la production d'énergie, le nombre de voitures ou d'outils de communication. Dans certains pays, et notamment les pays occidentaux, cet essor s'est traduit par une amélioration des conditions de vie et de confort, dont peut d'ailleurs témoigner la hausse spectaculaire de l'espérance de vie, passée en France de 45 ans en 1900 à plus de 80 ans aujourd'hui. En d'autres termes, ces décennies ont été le théâtre d'un développement économique sans doute inégalé dans l'histoire de l'humanité. Pour les qualifier, certains appellent cette phase « la Grande Accélération » (Steffen et al., 2015).

Pour comprendre les implications de cette période toutefois, il est nécessaire de se pencher sur l'autre versant de cette Grande Accélération. En effet, un tel développement n'a pas été « gratuit », comme pouvaient le penser les premiers économistes classiques à l'instar de Jean-Baptiste Say qui n'hésitait pas à affirmer en 1828[1] : « Les richesses naturelles sont inépuisables, car, sans cela, nous ne les obtiendrions pas gratuitement. Ne pouvant être ni multipliées ni épuisées, elles ne sont pas l'objet des sciences économiques ». En parallèle des indicateurs économiques, **d'autres courbes ont ainsi suivi la même trajectoire exponentielle ces dernières années : celles de la détérioration des équilibres naturels** (émissions de dioxyde de carbone, acidification des océans, pollutions…).

UN SYSTÈME TERRE INÉDIT

Au milieu des années 2000, un groupe de scientifiques mené par Johann Rockström, du Stockholm Resilience Center en Suède, s'est attelé à identifier

1. *Cours complet d'économie politique pratique*, 1828-1829.

les cycles naturels et composantes clés de l'habitabilité de la planète, pour évaluer le niveau de pression que notre système socio-économique avait exercé sur l'environnement depuis deux siècles. Ils ont alors retenu neuf composantes principales que nous aurons l'occasion de détailler plus tard dans cet ouvrage : le changement climatique, l'intégrité de la biosphère, le changement d'usage des sols, le cycle de l'eau douce, les cycles biogéochimiques, l'acidification des océans, la concentration atmosphérique en aérosols, l'ozone stratosphérique et les nouvelles pollutions chimiques. Pour chacune de ces composantes, ils ont alors estimé un seuil à partir duquel son fonctionnement actuel serait fortement perturbé et basculerait dans un autre mode de fonctionnement. Dès 2009 et la publication de leur premier article scientifique (Rockström et al., 2009), ils ont pu constater que trois des neuf composantes avaient déjà dépassé ce seuil, ou « limite planétaire ». En consolidant les jeux de données et en affinant les méthodologies, les travaux scientifiques les plus récents sont encore plus alarmants. Au moment d'écrire ces lignes, **six limites avaient en effet été dépassées** (Richardson et al., 2023) et une septième (l'acidification des océans) était sur le point de l'être (PBScience, 2024).

Le constat réalisé est implacable : depuis deux siècles, et particulièrement depuis la Grande Accélération, les activités humaines ont tellement puisé dans les ressources naturelles et rejeté de produits issus de la transformation de ces ressources, qu'elles ont déréglé le fonctionnement naturel du système Terre qui s'était stabilisé depuis plusieurs millénaires. Autrement dit, nous vivons aujourd'hui au sein d'un système Terre au fonctionnement inédit, qui n'est pas le même que celui qui a vu la civilisation humaine prospérer. Pour caractériser ce phénomène, certains proposent de considérer que nous sommes rentrés dans une nouvelle ère géologique : celle de l'Anthropocène, une ère dans laquelle la force de transformation principale est constituée des humains. Si le changement climatique est la partie la plus visible, la plus discutée en tout cas, de cette époque, les sujets d'inquiétude ne manquent pas : effondrement de la biodiversité et des services écosystémiques qu'elle nous rend au quotidien, épuisement des sols, raréfaction des ressources naturelles dont l'eau, pollutions des milieux naturels parmi lesquels nous vivons… La santé humaine, qui avait tant progressé ces dernières décennies, commence déjà à en subir les conséquences.

L'IMPOSSIBLE STATU QUO

Malgré l'ampleur des phénomènes en présence, notre système socio-économique fait preuve d'une relative immobilité. Plusieurs biais peuvent expliquer cela : la difficulté de se représenter des trajectoires qui nous dépassent, la tentation de se focaliser sur ce qui ne bouge pas, ou encore **la croyance que la technologie saura nous donner les solutions suffisantes pour résoudre ce qui est alors considéré comme un simple problème**. De fait, c'est bien souvent autour de cette recherche de solutions (d'optimisation, de gains d'efficacité, de substitution) que s'organisent aujourd'hui les acteurs politiques et économiques.

Pour dépasser ces réflexes, qui n'ont à ce jour pas permis d'enrayer les trajectoires en cours, il est utile de bien caractériser les impasses dans lesquelles nous nous trouvons. La première est justement **technologique**. En effet, et bien qu'elles soient parfois vues comme miraculeuses, les nouvelles technologies, notamment les énergies vertes, sont largement consommatrices de ressources (énergie, sols, matériaux). En outre, les gains qu'elles peuvent générer sont bien souvent annulés par une augmentation de leur usage. On parle alors d'**effet rebond**. La deuxième impasse, évoquée à l'instant, est **matérielle**. En effet, plusieurs composants clés de nos sociétés et de nos systèmes socio-économiques viendront bientôt à manquer. C'est d'abord le cas du pétrole et des énergies fossiles[2], dont l'extraction est de plus en plus compliquée et de moins en moins rentable. En 2018, l'Agence Internationale de l'Énergie (AIE, 2018) estimait ainsi que le monde avait vraisemblablement dépassé le pic de production de pétrole conventionnel en 2008. Une étude du think tank The Shift Project (The Shift Project, 2021) a montré que 50 % des pays fournisseurs de pétrole de l'Europe avaient déjà dépassé leur pic de production et celui de l'Arabie Saoudite devrait être atteint en 2027[3]. Déjà préoccupant, ce constat doit être complété d'un état des lieux sur d'autres ressources indispensables, comme le cuivre. Essentiel à l'électrification de nos moyens de production, il fait déjà l'objet de fortes tensions, avec une demande

2. Dans le monde aujourd'hui, plus de 80 % de l'énergie primaire consommée est issue d'énergies fossiles. En France, nous sommes encore dépendants à 60 % du pétrole et du gaz pour notre consommation finale d'énergie
3. Chauvin H., « Pétrole : l'Arabie saoudite annonce le pic de sa production dès 2027 », *reporterre.net*, 2022.

plus forte que l'offre dès 2024, et un décalage entre les deux qui pourrait dépasser 20 % en 2030[4].

Enfin, notre troisième impasse, souvent impensée, est **économique**. En effet, dans les pays à économie mature dont font partie les États-Unis ou la France par exemple, le système économique est à bout de souffle. Depuis les années 1970 en effet, les taux de croissance du PIB des États-Unis, de l'Angleterre, de l'Allemagne, du Japon et de la France perdent environ un point par décennie. Alors que tous ces pays flirtaient avec 6 à 8 % de croissance par an, chacun se démène aujourd'hui pour tenter de renouer avec des taux compris entre 0 et 2 %. L'explication de cet essoufflement est nécessairement multi-factorielle, mais il est à noter que les gains de productivité qui alimentent fortement la croissance du PIB ont suivi la même trajectoire de diminution depuis 50 ans dans ces cinq pays (Bruneau C., Girard P.-L, 2022). Au contraire, les niveaux d'endettement des ménages, des entreprises et des États ont suivi le chemin inverse avec une explosion qui justifie régulièrement des mesures d'austérité dévastatrices, particulièrement pour les moins fortunés. Dès lors, il est possible de faire l'hypothèse d'une Grande Décélération structurelle, seulement invisibilisée par des injections d'argent issues de l'endettement. Autrement dit, il nous faut considérer sérieusement l'hypothèse d'un système « mort-vivant », sous perfusion.

Ces impasses se manifestent aujourd'hui dans des situations qui sont encore vécues et décrites comme des crises (crise énergétique, crise agricole, crise des approvisionnements en semi-conducteurs...). L'utilisation de ce terme n'est pas innocente : il suppose un phénomène délimité dans le temps et un retour à la normale. **Pourtant, à bien des égards, ces situations sont durables et peuvent plutôt être comprises comme le résultat de phénomènes structurels**. Dans cet ouvrage, nous y ferons référence comme des bascules, une façon d'accepter qu'au sein d'un système Terre inédit, le fonctionnement de nos sociétés humaines ne pourra pas non plus être le même. Au-delà de réagir, c'est donc bien un nouveau paradigme qu'il s'agit de dessiner, pour transformer en profondeur l'organisation de nos sociétés humaines.

4. Sur le site www.nexans.com/fr → finance → informations-financieres → resultats-financiers/

LE RÔLE ET L'INTÉRÊT DES ENTREPRISES

Parce qu'elles font pleinement partie de notre société, les entreprises sont nécessairement affectées par la répétition de ces situations « de crise » et plus largement par les trajectoires écologiques en cours. Leurs efforts, en interne, se concentrent notamment sur deux aspects. D'une part, via **la gestion de ces épisodes**, sur du court terme donc, qui impose aux dirigeants de réagir rapidement en prenant des décisions pour limiter les impacts (report sur un autre marché, recours à une matière de substitution, fermeture temporaire d'une capacité de production, augmentation des prix...). D'autre part, via l'**adaptation aux contraintes réglementaires qui émergent et qui demandent souvent un réel effort** de disponibilité de la donnée et de traçabilité des fournisseurs. Notons d'ailleurs que ces réglementations ne cessent de se renforcer, à l'image de la récente directive CSRD émise par l'Union européenne dans le cadre du Pacte Vert[5], et qui augmente considérablement les obligations de reporting des entreprises et donc le temps et les compétences nécessaires à ces enjeux.

En d'autres termes, **le positionnement des entreprises est bien souvent attentiste**, ce qui paraît relativement risqué au regard des ruptures en cours. Concernant les épisodes brutaux, réfléchir à long terme et engager des efforts de durabilité forte est une garantie d'être globalement plus résilient et de mieux maîtriser ses coûts (énergie, matières premières, humains...). Sur la réglementation, aller au-delà de ce qui est demandé pourra permettre de ne pas être pris de court, voire d'influencer les futures réglementations à venir. Il est donc possible de parler d'une forme de **coût de l'inaction écologique** qu'il sera intéressant de mettre en parallèle avec la performance économique classique et court terme de l'entreprise. Ceci étant dit, il serait tout de même trompeur de parler d'inaction des entreprises qui ont pour la plupart entamé une transformation de leur organisation pour s'adapter à la nouvelle donne écologique. Comme à l'échelle de la société, l'angle

5. Le Pacte Vert est la contribution de l'Union Européenne aux Accords de Paris. Il consiste en un ensemble de mesures visant à engager l'UE sur la voie de la transition écologique, l'objectif ultime étant d'atteindre la neutralité climatique à l'horizon 2050.

de ces efforts est bien souvent technologique, et s'inscrit en tout cas dans une dynamique de **transition écologique**.

TRANSITION... ET REDIRECTION ÉCOLOGIQUE

La transition écologique, expression qui s'est imposée pour désigner les efforts de limitation de nos impacts sur l'environnement, est intrinsèquement fondée sur un objectif de transformation des moyens, surtout techniques, utilisés pour faire fonctionner notre société. Par exemple, la transition écologique de la mobilité est aujourd'hui concentrée sur des mesures de remplacement des voitures à moteur thermique qui brûlent un dérivé du pétrole par des voitures à moteur électrique.

Prenons le temps de détailler ce cas, représentatif des promesses, mais aussi des limites de la transition écologique. D'un côté, cette transition permet bien de remplir des objectifs de limitation d'impact, puisque les émissions de gaz à effet de serre liées au transport individuel devraient baisser avec une telle mesure. Au final, il est estimé qu'une voiture électrique aura en effet un meilleur bilan carbone sur son cycle de vie, pourvu qu'elle roule quelques dizaines de milliers de kilomètres[6] (environ 40 000 kilomètres pour une voiture de taille moyenne conduite en France). De l'autre, cette conversion vers l'électrique pose d'autres enjeux : de délocalisation et de substitution d'impact. En effet, la généralisation d'une mobilité électrifiée requiert la fabrication de batteries fortement dépendantes de matériaux tels que le lithium, une ressource rare, dont nous ne sommes pas souverains, et dont l'extraction est coûteuse écologiquement et socialement. Pour être plus précis, le Secrétariat à la planification écologique a démontré dans son rapport *France Nation Verte*[7] que la France aura besoin de 5 % du lithium mondial extrait à partir de 2030 pour satisfaire ses besoins. Alors que notre pays ne représente que 2,5 % du PIB mondial et 0,8 % de

6. https://www.carbone4.com/analyse-faq-voiture-electrique
7. https://www.info.gouv.fr/grand-dossier/france-nation-verte

la population mondiale, comment justifier d'une telle utilisation de cette ressource, dont toute la population mondiale aura besoin pour réduire ses émissions de CO_2 ? Notons enfin que cette transition, si elle n'est pas suffisamment accompagnée par les pouvoirs publics, pourrait être socialement inéquitable car particulièrement coûteuse pour les ménages les moins aisés.

À travers cet exemple (nous aurions aussi pu choisir de parler de la transition du bâtiment, de l'agro-alimentaire ou d'autres secteurs encore), un constat simple émerge : il est aujourd'hui nécessaire de dépasser la simple transformation des moyens. C'est justement ce que propose le concept de redirection écologique (théorisé par le laboratoire de recherche Origens Media Lab, dont fait partie Alexandre Monnin qui nous a fait l'amitié de préfacer cet ouvrage), en postulant que la situation nous impose aussi de se pencher sur les finalités des activités économiques sous toutes ses formes. Autrement dit, la redirection écologique nous entraîne à nous demander pourquoi nous menons telle activité et pas seulement comment.

En questionnant nos habitudes, notre consommation et nos modes de production et en les confrontant aux limites de notre planète, c'est bel et bien la notion de renoncement qui est introduite par la redirection écologique. S'il fait déjà partie de la vie économique ordinaire des entreprises, il est dans la grande majorité des cas motivé par des raisons économiques, quand la redirection écologique propose de le justifier par des motifs de soutenabilité écologique et sociale. Pour les individus, il s'agit de bien considérer que ces renoncements peuvent être douloureux, tant les produits et services que nous consommons sont devenus des agents essentiels de notre quotidien, avec lesquels nous avons créé des formes d'attachements qui vont parfois au-delà du simple usage de leurs fonctionnalités. Reprenons l'exemple de la mobilité : si le renoncement à la voiture individuelle pourrait faciliter l'adoption de mobilités plus douces ou partagées, il est particulièrement problématique du fait d'attachements intenses : au confort, à la sécurité, à l'autonomie, mais aussi au prestige social qu'un véhicule peut offrir.

Même s'il encourage des renoncements, le concept de la redirection écologique n'est pas insensible à ces attachements. Bien au contraire, il est indissociable d'une enquête approfondie qui doit les répertorier, évaluer leur intensité et leur présence dans la population, et mettre en face des propositions d'aménagement et/ou de substitution. Ce faisant, la redirection écologique a bien l'objectif de concilier des objectifs écologiques et de justice sociale.

Au même titre que les citoyens ou les organisations publiques, et en tant qu'acteurs clés du système de production-consommation, les entreprises sont évidemment concernées et doivent elles aussi s'engager sur la voie de la redirection écologique en questionnant les raisons et objectifs de leur activité. Encastrées aujourd'hui dans une seule injonction de rentabilité financière, elles doivent s'extraire de leur fonctionnement habituel pour pleinement endosser leur responsabilité sociale, et viser une soutenabilité forte qui réconcilie les enjeux environnementaux et économiques. À ce titre, il est de leur responsabilité de considérer la possibilité de renoncer, tout en prenant en compte les attachements de ses clients, salariés et partenaires. Un processus pour le moins complexe que nous nous proposons de guider avec cet ouvrage.

NOTRE PROPOSITION

Dans les prochaines pages, nous proposons ainsi **une méthodologie en plusieurs étapes pour accompagner les entreprises dans leur redirection écologique.** Avant de détailler ces étapes, trois précautions doivent être prises, formulées comme autant de choses que cette méthode n'est **pas**.

Tout d'abord, notre proposition n'est pas une critique. Si nous pointons parfois du doigt les limites de certaines pratiques écologiques, notre souhait est avant tout d'**offrir un complément** aux axes de travail qui sont aujourd'hui majoritaires dans les organisations. La redirection écologique doit ici être vue comme un regard décalé, plus radical, qui offre des pistes additionnelles d'actions qui pourront permettre de limiter nos impacts sur les milieux naturels et ainsi de ré-atterrir au sein des limites planétaires.

Ensuite, notre proposition n'est pas un travail dogmatique. Tout au long de cette réflexion, nous avons tenté, humblement, de créer des ponts entre un courant de pensée exigeant et une réalisation d'entreprise non moins complexe. « Sur une ligne de crête », comme l'indique régulièrement Alexandre Monnin, ce travail **négocie sans arrêt entre des intérêts écologiques et économiques que nous prenons le parti de cesser d'opposer**. En cela, il rencontrera sans doute autant de critiques de compromission que d'idéalisme. Si c'était le cas, cela validerait en quelque sorte cette exploration équilibriste, que chaque entreprise ou chaque collectif pourra adapter et enrichir au fur et à mesure de ses expériences.

Enfin, cette méthode n'est pas une solution clé en main. Elle est en effet davantage un long chemin de transformation, dans lequel il sera indispensable d'impliquer l'ensemble des salariés et parties prenantes de l'entreprise. Dans ce processus, des choix courageux devront être faits afin de garder le cap : celui d'une remise en question profonde des activités de l'entreprise.

Ce chemin, justement, se divise en quatre phases, qui font chacune l'objet d'un chapitre de ce livre. Il débute (chapitre 1) par une phase de sensibilisation qui doit amener tous les acteurs de l'entreprise au même niveau de connaissance et de prise de conscience de la situation du monde. Nous insistons dans cette phase sur la considération des différentes sensibilités des interlocuteurs. S'ensuit alors une deuxième phase conséquente (chapitres 2A et 2B) incluant une composante essentielle de la redirection écologique : l'enquête. Indispensable, cette phase doit permettre de dépasser la réflexion sur les seuls moyens de production, de se plonger dans le cœur du fonctionnement humain de l'entreprise, d'évaluer les actifs à disposition pour la suite et de se projeter vers l'avenir potentiel du monde, du secteur et de l'entreprise. Cette deuxième étape mène alors à un moment crucial (chapitre 3) : celui de l'arbitrage. Il s'agira ici de décider quel chemin suivre pour la ou les activités ou produits qui auront été identifiés comme problématiques au cours de l'enquête. Alors seulement (chapitre 4) nous pourrons explorer les différentes voies offertes par la redirection écologique : transformation, pivot-réaffectation, renoncement-sobriété ou renoncement-fermeture. Pour vous guider dans ce chemin et insister sur cette notion de parcours, nous avons jugé utile de compléter ce livre avec une cartographie. Ce médium complémentaire permettra en effet de visualiser l'ensemble des différentes étapes et écueils que les entreprises seront amenées à traverser dans ce long processus.

En somme, cet ouvrage vise à ouvrir un nouveau champ stratégique pour les entreprises dans lequel les enjeux environnementaux et sociaux prennent une place de premier plan pour assurer la pérennité de l'activité. Les entreprises qui s'emparent dès maintenant de cette nouvelle approche stratégique assurent leur atterrissage et leur robustesse dans un monde en pleine transformation. Elles participeront ainsi à maintenir l'habitabilité de notre planète dans un souci de justice sociale et environnementale.

Sensibiliser et créer le trouble

Executive summary

- La phase de sensibilisation a pour objectif de transmettre des informations clés sur l'état du monde et l'urgence de la situation au plus grand nombre de personnes au sein de l'entreprise.
- Cette étape est aussi une première phase d'enquête pour identifier le niveau de maturité écologique de l'entreprise.
- Elle doit en cela permettre d'identifier les potentiels freins qui pourraient empêcher une redirection écologique de l'entreprise, et ainsi de mieux comprendre quels éléments d'enquête pourraient convaincre les décideurs.

Tout processus de redirection écologique d'une entreprise débute par une phase de sensibilisation des collaborateurs et des dirigeants aux enjeux écologiques. Son objectif ? Les aligner sur une compréhension commune des phénomènes à l'œuvre et de leurs liens avec notre système socio-économique.

Du fait d'une meilleure information, les Français sont aujourd'hui particulièrement conscients de l'ampleur et des effets du réchauffement climatique. En 2020, une enquête réalisée sur près de 3 000 résidents montrait ainsi que 90 % des personnes interrogées reconnaissaient que le changement climatique était en cours, tandis que 35 % le qualifient de « catastrophique » (Douane et Fabre, 2020). Toutefois, cette prise de conscience tarde aujourd'hui à se traduire dans des actes, que ce soit dans la sphère personnelle (réduction des trajets carbonés, modes alimentaires moins carnés, sobriété de la consommation…) ou dans la sphère professionnelle, où il est **parfois difficile d'appréhender les liens entre des phénomènes globaux et le travail que chacun effectue**.

Dès lors, il semble que la sensibilisation doit non seulement s'attacher à détailler un état du monde dégradé, mais aussi à expliquer **le rôle de chaque entreprise dans ces trajectoires, et ce qui pourrait être fait pour les atténuer**. Comme nous le verrons, cette étape est souvent insuffisante dans les formats de formation les plus populaires, qui laissent les salariés certes plus informés, mais parfois aussi démunis voire paralysés par une forme d'anxiété, car ils manquent de moyens d'agir.

Parfois prise comme une simple distribution d'informations connues pouvant être répliquée sans effort d'une équipe ou d'une entreprise à l'autre, la sensibilisation doit en réalité être comprise comme un processus complexe qu'il s'agit d'adapter aux spécificités de chaque collectif. Trois mots d'ordre peuvent alors gouverner cette phase pour augmenter ses chances de succès et permettre le passage à l'action : la personnalisation du processus, sa capacité à mobiliser des supports et des contenus variés, mais aussi l'identification et la prise en compte de certains freins potentiels.

PERSONNALISER L'APPROCHE

Sensibiliser aux enjeux écologiques, puis accompagner la redirection d'une entreprise, est **avant tout une aventure humaine**. L'organisation ne doit en effet pas être comprise comme une entité juridique ou un bloc monolithique mais bien comme un collectif de personnes, salariées ou dirigeantes, ayant leur propre parcours, sensibilité, maturité sur les enjeux qui nous occupent ici. C'est donc bien à cet ensemble complexe qu'il s'agit de s'adresser, pour *in fine* aligner tout le monde sur une vision et des objectifs partagés.

Pour cela, il n'est pas forcément nécessaire de mobiliser les mêmes informations et les mêmes arguments pour tout le monde. **Ainsi, chaque personne trouvera sa motivation dans des valeurs, des compétences ou des attachements distincts**. À ce titre, proposer d'accompagner une entreprise dans un processus de redirection écologique implique de comprendre autant que possible les humains qui l'animent. Bref, il s'agit de bien comprendre d'où chacun part si nous souhaitons avoir une chance d'arriver au même endroit : une entreprise pleinement consciente des phénomènes à l'œuvre et de son rôle passé et à jouer.

Si une telle approche peut paraître naturelle ou logique, dans les faits, elle rompt avec ce qui est traditionnellement réalisé, à deux titres. D'une part, les contenus de sensibilisation sont aujourd'hui surtout axés sur un sujet et une rhétorique uniques : le changement climatique et les impacts de l'entreprise sur ce dernier. D'autre part, les opérations de sensibilisation sont souvent réalisées de façon homogène, sans réelle adaptation aux différents profils qui composent l'entreprise. Tout au plus, c'est le poste de chacun et sa disponibilité qui feront office de variable d'ajustement.

En plus de ces considérations, **nous proposons ainsi d'adopter un angle plus psychologique pour mieux former et sensibiliser des équipes à la question écologique**, en tentant de trouver pour différents types de personnes et de personnalités, les informations et arguments qui remporteront son adhésion, faciliteront sa montée en compétences, et assureront plus tard son soutien à une démarche de redirection écologique. Pour cela, plusieurs profils types peuvent être dressés, par exemple par l'adresse d'un questionnaire qui aurait la mission de mieux identifier la maturité et la rationalité des personnes composant les collectifs à former. Dans cette tâche, l'utilisation de cadres de référence peut également être utile, à l'image des six portes présentées dans le *Manuel de la Grande Transition*, porté par le Campus de la Transition, qui propose ainsi d'aborder les enjeux actuels par différents sujets en fonction du profil des interlocuteurs.

Présentons rapidement ces six portes : *Oikos*, *Ethos*, *Nomos*, *Logos*, *Praxis*, et *Dynamis*.

▬ *Oikos* : Habiter un monde commun

Cette approche sera pertinente pour les personnes sensibles aux sciences dures, aux éléments chiffrés scientifiques qui présentent l'état du monde. Il est alors utile de mettre l'accent par exemple sur l'augmentation des émissions de gaz à effet de serre, l'augmentation des vagues de chaleur, des catastrophes naturelles, l'effondrement de la biodiversité ou encore la raréfaction de certaines ressources naturelles comme l'eau. Rappelons ici à ce titre que seulement 3 % de l'eau sur Terre est douce et notre consommation a cru de manière exponentielle sur les cinquante dernières années.

▬ *Ethos* : Discerner et décider pour bien vivre ensemble

Pour ce type de profil, c'est davantage la cohérence de la société vis-à-vis de chacun de ses membres actuels et des générations futures qui pourrait constituer un moteur à l'action. Dès lors, il s'agit moins de présenter un état du monde dégradé que d'engager la discussion sur la responsabilité qui nous incombe de laisser à nos enfants une Terre habitable. Le fait que les activités des pays les plus riches aient des impacts sur les pays les plus pauvres peut aussi être un argument marquant.

▬ *Nomos* : Mesurer, réguler et gouverner

Pour les personnes type *Nomos*, il sera plus utile de mettre l'accent sur le risque pour la pérennité de l'activité de l'entreprise au regard des risques environnementaux et sociaux. La dynamique générale de l'économie des pays à économie mature (France, États-Unis, Royaume-Uni, Allemagne, Japon,...) et le ralentissement de leur croissance sont autant d'éléments n'appartenant pas au champ de l'écologie, mais qui permettront de convaincre qu'il est pertinent de repositionner son entreprise dans un esprit de post-croissance.

- ***Logos* : Interpréter, critiquer et imaginer**

Pour ces profils, il sera utile de mettre en avant les limites de la solution technologique de la transition écologique. Ces solutions sont certes indispensables, mais de nombreuses études démontrent aujourd'hui qu'elles ne seront pas suffisantes au regard de l'ampleur des enjeux. La notion de transition écologique peut alors être présentée comme une formulation trop douce, suggérant un changement progressif. Toutefois, la diversité des enjeux exige une vision systémique et une remise en cause profonde de nos activités économiques.

- ***Praxis* : Agir à la hauteur des enjeux**

Ici, pour convaincre et susciter l'envie d'agir, des exemples de ce qui est déjà engagé dans la transition et la redirection écologique des entreprises pourront être décisifs. En effet il s'agit de montrer que l'action est déjà en cours et qu'il ne faut pas rater le train pour ne pas être déconnecté de la réalité. Les différentes actions des entreprises, de la société civile, des collectivités, de l'État (comme la Stratégie nationale bas carbone, la planification écologique, le plan de sobriété énergétique, le Réseau Action Climat) seront autant d'éléments à même de fonctionner pour ces profils.

- ***Dynamis* : Se reconnecter à soi, aux autres et à la nature**

Enfin, ce dernier type de profil sera sensible à la thématique de la déconnexion entre humains et vis-à-vis de la nature. Ici, il sera donc pertinent de mettre en avant ce que la redirection écologique peut apporter en la matière, c'est-à-dire une co-construction de l'avenir de la société et de l'entreprise qui crée de la connexion. L'intégration de l'activité de l'entreprise au sein de la société, mais aussi les notions d'utilité forte, de symbiose ou d'équilibre seront ainsi particulièrement parlantes pour ces profils.

Exemple : *Quelques pistes pour un premier état des lieux*

Pour identifier par quelle(s) porte(s) entrer et quel(s) contenu(s) privilégier, la diffusion d'un premier questionnaire de « sensibilité écologique » aux collectifs ciblés peut être utile. Voici quelques exemples de questionnement :

- De 1 à 10, comment jugez-vous votre niveau de connaissance sur les enjeux suivants : réchauffement climatique, pertes de biodiversité, épuisement des ressources naturelles... ?

- Quelles émotions ressentez-vous au regard de la situation écologique actuelle : tristesse, angoisse, détermination, colère... ?
- Pour vous, quels sont aujourd'hui les principaux verrous pour être plus ambitieux en matière d'écologie : moyens technologiques, moyens financiers, absence d'alternatives, volonté politique... ?
- Selon vous, faut-il agir par : devoir moral vis-à-vis du vivant/devoir moral vis-à-vis des générations futures/pragmatisme... ?
- De 1 à 10, comment jugez-vous les efforts faits à l'échelle de la société française ?
- De 1 à 10, comment jugez-vous les efforts faits par votre entreprise ?
- De 1 à 10, comment jugez-vous l'intensité des liens entre les trajectoires écologiques globales et votre travail au sein de votre entreprise ?
- ...

Dans ce processus d'enquête pour mieux comprendre le collectif à sensibiliser, il peut être intéressant de consacrer une importance spéciale aux dirigeants. Du fait de leur place particulière, et peut-être encore plus dans des structures de petite et moyenne taille ou des entreprises familiales, les visions et valeurs de ces personnes sont en effet susceptibles d'infuser dans l'organisation tout entière. Les interroger permet en tout cas de comprendre le système de croyances global dans lequel les autres personnes s'insèrent.

Exemple : *Questionner les dirigeants*

Dans le cas où le processus de sensibilisation commencerait bien par une phase d'échange avec les dirigeants, voici quelques axes de questionnement à leur soumettre dans le cadre d'un entretien semi-directif.

- Quelle est la mission de votre organisation ? sa raison d'être ?
- Quels sont les manques qui naîtraient d'un arrêt de l'activité ?
- Quels sont ses activités, processus et savoir-faire de base ?
- Quelles sont ses interactions avec les milieux naturels ? De quoi a-t-elle besoin dans l'environnement pour fonctionner (ressource matérielle, service écosystémique, équilibre naturel...) ?
- Comment jugez-vous l'impact de votre organisation sur l'environnement ?
- Plus globalement, quelle est votre vision des enjeux écologiques pour votre secteur ?
- Que ressentez-vous vis-à-vis de la situation environnementale et des trajectoires en cours ?
- Quels sont, selon vous, les leviers principaux pour atténuer les trajectoires en cours ?
- Dans quelle mesure arrivez-vous à concilier votre vision de citoyen et votre vision de dirigeant d'entreprise ?

- À quoi ressemblera la société d'ici vingt ans (d'un point de vue écologique) ?
- Quel pourrait y être le rôle de votre organisation ?
- ...

VARIER LES CONTENUS ET LES SUPPORTS

Nous l'avons vu à travers l'exemple des portes : conduire une sensibilisation réussie dans une entreprise demande de mobiliser plusieurs catégories d'argumentaires et des contenus variés, bien au-delà de la thématique du réchauffement climatique qui concentre aujourd'hui l'attention des programmes de sensibilisation ou de formation. En plus de compétences purement écologiques, ce sont bien des notions de droit, de macro-économie, ou même parfois de sociologie et d'anthropologie, lorsqu'il s'agira de parler de rapport à la nature et à son exploitation par exemple, qui sont nécessaires pour s'adresser à une diversité de profils, qu'ils soient collaborateurs ou dirigeants. Seule cette approche permet de mettre en exergue les aspects systémiques des enjeux environnementaux et sociaux que la redirection écologique souhaite aborder.

Ainsi, voici une première liste de sujets ou cadres de référence qui nous semblent importants de maîtriser et de mobiliser dans le cadre d'une sensibilisation qui précéderait une démarche de redirection écologique d'une entreprise.

- **Côté écologique :**
  - Les grandes tendances climatiques, les différents scénarios du GIEC et leurs impacts sur nos organisations humaines.
  - Le cadre théorique des limites planétaires, pour alerter au-delà du climat et faire référence à l'ensemble des équilibres clés dont dépend le bon fonctionnement du système Terre.
  - L'état d'épuisement d'un certain nombre de matières premières indispensables aux organisations comme l'eau, le bois, ou un certain nombre de minerais rares indispensables à la transition écologique.

- **Côté économique :**
  - Les phénomènes de tension sur l'énergie avec l'épuisement inévitable de certaines sources fossiles et les difficultés à trouver des substituts.
  - La perte de vitesse globale des économies occidentales, et les raisons structurelles qui devraient contraindre la croissance lors des prochaines années et décennies.
  - La faible probabilité d'un découplage absolu et significatif, qui fait état de l'impossibilité à détacher fortement nos économies de leurs impacts écologiques.
  - L'analyse de l'évolution de la mondialisation marchande, avec des possibles amaigrissements des flux de personnes et de marchandises et des phénomènes importants de relocalisation des capacités productives.
  - La compréhension de l'environnement réglementaire dans lequel les entreprises concernées évoluent, notamment celui lié à de nouvelles obligations environnementales
- **Côté social :**
  - Les grandes tendances sociales à l'œuvre, et notamment les phénomènes de repli identitaire, de baisse du pouvoir de vivre et d'augmentation des inégalités.
  - Le cadre de la Théorie du Donut de Kate Raworth, qui tâche de définir l'espace sûr entre le respect d'obligations sociales et celui de limites écologiques.
  - Les grandes vulnérabilités de santé directement liées à la dégradation des milieux naturels (pollutions, vagues de chaleur, zoonoses, nouvelles maladies chroniques...).
  - Les inégalités entre les groupes sociaux pour se protéger de ces grandes vulnérabilités.
  - La déconnexion de plus en plus grande de l'humain vis-à-vis des milieux naturels qui l'entourent (crise de sensibilité, déficit de connaissance, distance physique de plus en plus importante...).
  - ...

Cette liste n'est bien entendu pas exhaustive. Elle constitue moins un catalogue dans lequel piocher pour réaliser des formations dédiées que **des éléments à combiner de façon à construire une argumentation**

équilibrée qui puisse remporter l'adhésion d'une diversité de profils. Pour cela, plusieurs ateliers ou événements thématiques différents pourront être organisés.

En outre, et au-delà de ces aspects purement cognitifs, **les formats utilisés pour sensibiliser pourront aussi avoir leur importance** tant chaque personne pourra avoir une appétence particulière pour des sensibilisations plus ou moins descendantes ou participatives, collectives ou individuelles, ponctuelles ou étalées sur un temps long, ludiques ou plus intellectuelles. Au-delà de conférences ou de formats ateliers rendus populaires par des produits comme la Fresque du Climat, l'atelier 2 tonnes ou le jeu de plateau 2807, c'est bien une expérience pédagogique complète qu'il s'agit de construire, allant de l'information la plus globale à la mise en action au sein de l'entreprise. Cette expérience pédagogique devra alors notamment prendre en compte une réalité simple mais souvent ignorée : au-delà du frein cognitif et de l'accès à la connaissance, **ce sont bien souvent d'autres types de freins qui empêchent les opérations de sensibilisation de déclencher des transformations ambitieuses**.

PROFIL	LEVIER/OUTIL DE SENSIBILISATION
Sensible aux sciences physiques – *Oikos*	Fresque du Climat, atelier 2 tonnes, jeu de plateau 2807, Fresque du renoncement, conférence d'un spécialiste des limites planétaires. Livre : *Un monde sans fin* (Jancovici et Blain)
Sensible à la cohésion sociale et aux générations futures – *Ethos*	Atelier sur la base des scénarios « Transition(s) 2050 » de l'Ademe.
Sensible à la pérennité de l'entreprise et des systèmes économiques en cours – *Nomos*	Présentation sur les tendances actuelles macro-économiques. Rapport Draghi sur la croissance européenne
Sensibles aux limites de la technique et de la technologie – *Logos*	Présentation d'un expert sur les matières premières et l'énergie. Livre : *L'âge des low tech* (Philippe Bihouix)
Sensible aux expérimentations – *Praxis*	Présentation ou visite d'entreprises expérimentant une nouvelle approche : Expansciences, Nexans, Imprimerie partagée...

PROFIL	LEVIER/OUTIL DE SENSIBILISATION
Sensible à la connexion à la nature – *Dynamis*	Présentation d'un expert en écologie. Visite de la mer de glace pour observer le recul du glacier. Livre : *Raviver les braises du vivant*, Baptiste Morizot

***Tableau 1.1** – Quelques suggestions de leviers de sensibilisation*

Source : Les auteurs de l'ouvrage.

La fresque du renoncement

La fresque du renoncement est un atelier pour imaginer en collectif à quelles activités mettre fin et comment, pour respecter les limites planétaires. Les participants choisissent ensemble un sujet à traiter (voitures, stations de ski, viande…) et décrivent alors l'activité sous différents angles : technique, économique et logistique, social et de valeur d'usage. Ils listent ensuite les collectifs qui dépendent le plus de l'activité et qui sont donc susceptibles d'être affectés par des renoncements. Chacun choisit un groupe à représenter et prépare des revendications et des propositions. En confrontant les positions des groupes, les participants conçoivent ensemble une stratégie pour renoncer à l'activité ou certains de ses aspects. Le travail de description est utilisé pour imaginer des renoncements : peut-on renoncer à un usage ? Une étape de la chaîne d'approvisionnement ? Un composant ? Cet atelier a été conçu par Vanille Ecrement et Diego Landivar dans le cadre des travaux sur la redirection écologique.

ACCUEILLIR LES ÉMOTIONS, IDENTIFIER LES CROYANCES LIMITANTES

Ainsi, gardons à l'esprit que l'information est certes un préalable à l'action, mais qu'elle n'est absolument pas suffisante en général pour déclencher un engagement fort de la part des collaborateurs ou de la direction vers la transition ou la redirection écologique. En effet, **de nombreux freins,**

biais cognitifs ou contraintes de gouvernance internes à l'entreprise peuvent ralentir l'entreprise dans son engagement. Autrement dit, si une information complète et diversifiée doit permettre de faire sauter un verrou cognitif, une sensibilisation réussie doit impérativement agir sur d'autres freins. Penchons-nous ici sur trois d'entre eux : l'émotion, la culture et la gouvernance.

Si le **frein émotionnel** est souvent oublié, il fait pourtant partie des principaux obstacles à lever lors d'une formation à l'urgence écologique. En effet, certains formats peuvent parfois laisser des interlocuteurs dans un état de choc et de sidération. Il peut être pertinent de faire référence aux cinq étapes du deuil – tristesse, colère, déni, négociation, acceptation – pour prendre en compte ce ressenti. Face à l'ampleur des phénomènes présentés, il n'est en effet pas rare que beaucoup se sentent complètement démunis, impuissants, et peinent à identifier un pouvoir d'agir qui puisse les replacer dans une forme d'espérance. Dès lors, les émotions négatives sont trop fortes et peuvent bloquer toute forme d'engagement voire de réception des informations présentées. Les risques d'éco-anxiété ou de fatalisme sont ainsi des éléments importants à prendre en compte dans cette première étape de sensibilisation, en prenant notamment soin d'accueillir ces émotions, mais aussi en veillant à atterrir sur un niveau individuel, via la proposition de pistes d'action concrètes, à appliquer en tant que personne et citoyen bien entendu, mais aussi en tant que collaborateur ou dirigeant d'une organisation. Ces pistes ne doivent cependant pas être trop détaillées à ce stade, afin d'éviter que des personnalités « dans l'action » ne se jettent dessus sans engager une réflexion plus ambitieuse.

Pourvu que ces résistances émotionnelles puissent être levées, elles laissent souvent la place à d'importants **freins culturels**. Collaborateurs, dirigeants… peuvent en effet agir selon un certain nombre de réflexes qui sont bien souvent ancrés dans des convictions et croyances certes partagées à l'échelle de l'entreprise mais pour autant subjectives. Parmi elles, l'espoir d'une technologie salvatrice et d'un progrès humain infaillible, la possibilité jamais démentie d'accéder à certaines matières premières comme le pétrole, l'avantage conféré aux entreprises qui restent sur un marché jusqu'à sa fin, ou encore une tendance à préférer l'innovation technologique à l'invention de nouvelles organisations socio-économiques ou de nouvelles formes de coopération entre entreprises, fournisseurs et clients.

Pour repérer ces croyances limitantes, et comme introduit plus haut, il est utile de **procéder à un certain nombre d'entretiens avec des personnes aux postes-clés de l'entreprise**. « On nous parle du pic pétrolier depuis les années 1970. Et cinquante ans plus tard, on nous dit que le pic pétrolier est pour dans encore cinquante ans » ; « On va bien trouver une technologie qui permet de se débarrasser du CO_2 dans l'atmosphère » ; « Il suffit de remplacer tout ce qui marche au pétrole par de l'électricité, et on n'aura plus de problème » ; « Il y a des beaux couchers de soleil sur les marchés en déclin » sont autant de verbatims issus d'entretiens récents que nous avons menés avec des dirigeants d'entreprises et qui expriment plus ou moins explicitement ces croyances. Il s'agit alors, non pas de les juger, mais d'en retracer l'origine : sont-elles liées à la vision d'un dirigeant ? à la prééminence de profils techniques dans les équipes ? à des expériences passées de l'entreprise ? Et de tenter de comprendre ses impacts concrets sur l'organisation : des comportements marché, des opérations de diversification, des discours tenus en externe…

Enfin, un dernier frein à considérer est lié à la **gouvernance et aux équilibres économiques des entreprises**. S'aligner sur les enjeux écologiques est en effet bien souvent un processus coûteux qu'il est tentant de repousser au nom d'un autre impératif ô combien légitime : la performance de l'entreprise et en creux sa pérennité et celle des emplois. C'est ici que la sensibilisation ne suffit plus et doit laisser place à un travail d'enquête bien plus complet et appliqué à la réalité de chaque entreprise.

En effet, et pour lever ce dernier type de frein, chaque entreprise doit être étudiée autrement qu'à travers les personnes qui la composent. Parmi les autres caractéristiques à étudier : sa taille, sa complexité, son offre, son type d'actionnariat, sa géographie, ses coûts de production et de transition, sa marge financière… Ainsi, plus une entreprise est grande, et plus elle fera preuve d'inertie dans sa transformation non seulement pour cause de taille mais également de complexité de son organisation, de son offre et de ses processus opérationnels. Plus l'actionnariat d'une entreprise est diffus ou dispersé, par exemple si elle est cotée en Bourse, et plus la possibilité d'opinions et de visions stratégiques peuvent se multiplier et aller à l'encontre d'une transformation profonde qui nécessite une vision commune. Plus un modèle d'affaires sera fondé sur une réduction maximale des coûts de production et des marges faibles sur les ventes, plus elle sera à l'écoute des risques engendrés par les enjeux environnementaux, sociaux et économiques en cours. Par le même fait, elle aura moins de marge de manœuvre financière pour pivoter qu'une entreprise à forte marge. Enfin, tous les marchés n'auront pas la même marge de manœuvre, et au sein du même marché, tous les types de modèles d'affaires/positionnements ne seront pas égaux. C'est bien cette complexité que doit adresser la phase d'enquête pour s'assurer d'une mise en action après cette première phase de sensibilisation.

CONCLUSION DE LA PHASE 1

En somme, cette phase de sensibilisation n'est pas une simple transmission d'informations sur l'état des lieux et les enjeux environnementaux, sociaux et économiques, mais plutôt une première étape de prise de conscience de la position de l'entreprise dans son milieu écologique local, national et international et des premiers leviers qu'elle pourrait actionner. **Cette prise de conscience nécessite de composer avec la diversité des rationalités et états de maturité des personnes qui peuplent l'entreprise**, de mobiliser pour cela des sujets et des formats variés, mais aussi d'être conscient d'un certain nombre de verrous émotionnels et culturels notamment.

C'est à ce prix seulement que la sensibilisation pourra permettre de placer nos interlocuteurs dans un état souhaité : celui du **trouble**. Le trouble de voir le monde sur lequel l'entreprise repose vaciller. Celui aussi d'avoir l'ambition d'agir radicalement mais sans nécessairement savoir par où commencer. Celui enfin de comprendre l'intérêt d'agir, mais avec la difficulté de conjuguer cet impératif avec la gestion de crises à plus court terme. Paradoxalement, le succès de la sensibilisation se mesure selon un sentiment d'incertitude, voire de léger malaise, qui doit secouer vos interlocuteurs dans leurs croyances profondes, et notamment celle que leur organisation peut continuer à évoluer au sein d'une forme de statu quo malgré les effondrements écologiques en cours. Pour évaluer cette progression, le questionnaire de sensibilité écologique (vu précédemment) pourra être régulièrement distribué aux collaborateurs, à la manière d'un baromètre.

En ce sens, et à condition d'être dans une posture d'écoute permanente, et d'observation de la façon dont le processus est reçu, **la sensibilisation est déjà bien une première phase d'engagement et d'action**. Elle permet en effet une première réflexivité aux personnes interrogées, qui forment alors une sorte de premier collectif redirectionniste à l'intérieur de l'entreprise, et sur lequel il sera possible de s'appuyer pour les phases suivantes. Pour certains, les prémices d'une distinction concrète entre transition écologique – visant uniquement à modifier les moyens de production – et redirection écologique – cherchant à repenser les finalités de l'activité de l'entreprise – émergeront. Cependant, c'est un long processus qui devra être consolidé en travaillant sur l'analyse des risques et impacts spécifiques au cas de l'entreprise.

C'est à cet endroit que la sensibilisation doit laisser la place à l'enquête, pour finir de convaincre, et révéler les espaces d'action prioritaires. La mise en évidence forte du décalage entre l'activité de l'entreprise et les capacités de la Terre à soutenir notre mode de vie nécessite en effet une plongée plus profonde au sein de l'entreprise.

CADRE THÉORIQUE

Les biais cognitifs

Confrontées au constat d'un changement limité des habitudes malgré la quantité d'information reçues, les sciences sociales s'intéressent depuis plusieurs années au **cas particulier du comportement des individus vis-à-vis des enjeux environnementaux**. Les études montrent alors que l'aspect collectif est bien entendu un facteur essentiel du changement, mais que des freins existent déjà naturellement à l'échelle individuelle sous la forme de biais cognitifs, que l'on peut définir comme des distorsions que l'individu applique inconsciemment dans le traitement de l'information.

Parmi ces biais cognitifs, on retrouve par exemple le **biais de statu quo**, qui nous amène à préférer la situation présente à toute forme de changement. L'**aversion à la perte** est un autre biais, fortement lié au précédent, puisqu'il nous rend plus réticent à perdre quelque chose qu'à en gagner une autre. Par exemple, pour une personne qui n'achète pas de produits éco-responsables, une baisse du prix sur ces produits aura moins d'effet pour encourager l'achat, qu'une augmentation du prix des produits plus polluants actuellement consommés. Dit autrement, la peur de perdre du pouvoir d'achat sur les produits polluants a plus de probabilité d'entraîner un changement de comportement que le gain écologique et financier potentiel venant avec l'achat des produits éco-responsables.

Ainsi, les habitudes individuelles (nos routines), les conventions collectives (représentations pratiques partagées qui laissent tout de même de la place pour l'interprétation individuelle) et les institutions sociales (le fonctionnement de l'économie de marché par exemple) sont tout autant de cadres dans nos vies qui influencent consciemment ou inconsciemment nos comportements. Tous ces effets sont importants à considérer pour les collaborateurs de l'entreprise en transformation mais également pour ses clients. Notons également que les échelles des phénomènes qui influencent les individus sont multiples (individuelle, l'individu dans un groupe, l'individu dans la société, l'individu dans son milieu naturel et technologique) et les approches pour inciter les changements de comportement sont donc également multiples.

Une des approches pertinentes pour le cas d'une entreprise est l'utilité de la transmission d'information, qui doit nécessairement être complétée par la présentation d'exemples concrets de nouveaux comportements. L'effet de mimétisme est un des leviers les plus efficaces pour modifier les comportements jusqu'au niveau individuel.

TÉMOIGNAGE

Fabrice Bonnifet, *directeur développement durable & qualité, sécurité, environnement du Groupe Bouygues et président du Collège des Directeurs du Développement Durable (C3D)*

CHANGER OU PÉRIR

Dans un contexte d'anéantissement du vivant non humain sans précédent, retarder la refondation des modèles d'affaires et se satisfaire de petits arrangements n'est plus acceptable. Comme le souligne Fabrice Bonnifet, en interview avec les auteurs de ce livre, « si on ne change pas la règle du jeu global, on ne pourra pas éviter un effondrement dans le siècle en cours ».

✚ UN SYSTÈME VOUÉ À L'ÉCHEC : L'ILLUSION DE LA SOUTENABILITÉ FAIBLE

Aujourd'hui, la performance des entreprises est d'abord appréciée à l'aune des résultats financiers, quoi qu'il en coûte pour l'environnement et les droits humains fondamentaux. Nos modèles économiques linéaires s'appuient sur une logique extractive et volumique pour soutenir une économie de la possession, avec une intensité d'usage très basse de produits conçus avec une obsolescence programmée, une approche incompatible avec le respect des limites planétaires. En outre, croire que l'on pourra sans cesse substituer les matières premières pour maintenir les mêmes volumes de production est une illusion de premier ordre. Pour Fabrice Bonnifet, la situation est sans issue : « tant que nous n'aurons pas fait évoluer les règles comptables qui aujourd'hui nous poussent uniquement à compter ce que l'on gagne grâce à l'exploitation du vivant, sans compter ce que l'on doit (tout) à la nature, nous resterons dans une logique écocide ».

Ainsi, les règles du jeu de notre économie actuelle incitent les entreprises à privilégier la préservation du capital financier. Mais comme le rappelle Fabrice Bonnifet, l'argent ne devrait être qu'un moyen et pas une finalité : « La vraie performance devrait plutôt être de démontrer une capacité à durer, et pour cela, la seule façon d'y parvenir est de régénérer simultanément le capital humain et le capital naturel des entreprises, en tant que donnée d'entrée des processus de production. »

✚ LE MENSONGE DU DÉCOUPLAGE : UNE UTOPIE NAÏVE

L'idée d'un découplage absolu de la croissance économique mondiale avec les externalités environnementales négatives n'a jamais été démontrée et nous le savons depuis des décennies. « Créer de la richesse financière tout en diminuant à l'infini la pression sur les ressources est une chimère ! » s'indigne Fabrice Bonnifet. Les démarches de décarbonation actuelles sont insuffisantes, car les effets rebonds et la non prise en compte de la croissance organique empêchent les trajectoires de baisse des émissions de suivre les recommandations de la science. En outre, certaines solutions tendent à déporter les pressions sur les autres limites planétaires, notamment la biodiversité, du fait de la demande croissante en matériaux nécessaires à la transition énergétique : « Moins de carbone pour l'énergie, c'est jusqu'à dix fois plus de matériaux et d'espaces, la seule solution réaliste c'est de rendre désirable la sobriété. »

✚ DES BASCULES IRRÉVERSIBLES ET IMMINENTES : ACCEPTER L'HYPOTHÈSE D'UN EFFONDREMENT

L'urgence est d'autant plus grande que les impacts du dérèglement climatique sont déjà visibles et s'accélèrent. Fabrice Bonnifet avertit : « Les scientifiques du monde entier s'époumonent pour nous rappeler qu'il nous reste cinq à dix ans devant nous pour infléchir la courbe des émissions de GES. » Les services écosystémiques sont à bout de souffle, les cycles de l'eau sont altérés, les pollutions chimiques des sols sont généralisées, les capacités d'adaptation et de résilience du système Terre se réduisent de jour en jour. Dès lors, il est essentiel de mentionner que le changement climatique aura également des conséquences géopolitiques majeures. Bref, l'urgence écologique est en train de se transformer en urgence sociale et sociétale.

Aussi, l'idée selon laquelle ces bouleversements seront progressifs nous laissant le temps de nous adapter est pour Fabrice Bonnifet un pari risqué : « Le délitement du monde est parfaitement visible et se ressent au quotidien au plus profond de nos sens, mais le processus ne sera pas linéaire, nous allons assister à des ruptures dès lors que nous aurons atteint des points de bascule irréversibles ».

+ CHANGER DE MODÈLE OU SUBIR : VERS UNE ÉCONOMIE RÉGÉNÉRATIVE

Face à ces vérités qui dérangent, Fabrice Bonnifet défend une transformation radicale des modèles d'affaires de nos entreprises. Il est inefficace de seulement réduire à la marge les impacts des externalités négatives : les entreprises doivent désormais adopter des pratiques régénératives, c'est-à-dire prendre en compte dans leurs processus opérationnels et commerciaux la maintenabilité de leur capital naturel. « L'entreprise de demain ne doit pas faire juste un peu mieux, elle doit être régénérative ! » Cela signifie qu'au-delà de limiter son impact sur l'environnement, elles doivent également contribuer activement à la restauration des écosystèmes qu'elles exploitent : participer à la restauration de la biodiversité, favoriser les capacités de stockage naturel de carbone, restaurer les sols et protéger les populations autochtones gardiennes de la nature.

Pour y parvenir, Fabrice Bonnifet propose une refonte complète du système économique actuel, pour passer d'une économie linéaire productrice de déchets à une économie perma-circulaire et de la fonctionnalité. « Les entreprises doivent comprendre que l'avenir n'est plus de vendre des produits mais de louer leurs usages. » Cette vision va permettre de maximiser la durée de vie des solutions commerciales, tout en diminuant l'extraction des ressources.

+ L'IMPORTANCE DU COLLECTIF : LA REDIRECTION ÉCOLOGIQUE NE POURRA PAS SE FAIRE SEUL

Cependant, aucune entreprise ne pourra entamer et réussir une redirection écologique seule. Notamment parce que la concurrence entre les entreprises vertueuses et celles qui ne respectent pas ces règles de bon sens est inégale, et provoquera dès lors des distorsions et des écarts de compétitivité empêchant une transformation globale. « Mais attendre qu'elles deviennent toutes vertueuses est suicidaire, les pionniers s'en sortiront mieux que les suiveurs à condition de savoir embarquer les clients. »

C'est pourquoi Fabrice Bonnifet reconnaît l'intérêt de former des coalitions intersectorielles pour sensibiliser les clients, influencer les régulateurs et transformer les règles du jeu à une échelle la plus large possible. Il est crucial que les entreprises, les collectivités, et les décideurs politiques s'unissent pour créer un environnement économique qui valorise la durabilité par la valeur plutôt que par la vibration d'un PIB déconnecté qui ne discrimine pas l'essentiel du dérisoire.

+ CONDUITE DU CHANGEMENT : IL FAUT PASSER PAR UN CHOC DE LA PÉDAGOGIE

L'un des obstacles majeurs à un changement d'envergure est l'ignorance généralisée du plus grand nombre à propos de la gravité du problème et du temps qu'il nous reste pour vraiment agir. « On ne fera rien tant que nous n'aurons pas compris la réelle gravité de la situation, il faut un choc de la pédagogie », insiste Fabrice Bonnifet. Il ne s'agit plus seulement de sensibiliser, mais de provoquer une véritable prise de conscience collective à travers des initiatives éducatives massives.

Il appelle ainsi à un effort international pour rendre accessibles et compréhensibles les enjeux complexes et interdépendants du climat, de la biodiversité et des ressources naturelles. Les entreprises doivent, selon lui, jouer un rôle actif dans cette sensibilisation, non seulement pour leurs employés mais aussi pour les consommateurs et l'ensemble de la société.

+ CONCLUSION : LE MOMENT D'AGIR EST MAINTENANT

Le message de Fabrice Bonnifet est sans équivoque : nous vivons un moment historique de l'humanité. Les entreprises ont un rôle crucial à jouer dans la redirection écologique, mais elles doivent agir rapidement, avec audace et radicalité. Le temps des démarches RSE de simple conformité est révolu. Désormais, la survie de nos écosystèmes indispensable à la vie, et par extension celle de notre société, repose sur la capacité des entreprises à adopter des modèles régénératifs, le reste est anecdotique.

« Selon les scientifiques, nous n'avons plus que cinq à dix ans pour apporter une réelle inflexion pour tendre enfin vers une économie libérée de la contrainte carbone. Soit on prend conscience de l'urgence écologique, soit il va falloir accepter le coût de notre inconséquence. »

L'ESSENTIEL

- **De multiples approches de sensibilisation doivent être considérées en fonction des profils de vos interlocuteurs.**
- **La présentation sommaire de potentiels leviers d'action est nécessaire pour que vos interlocuteurs ne soient pas fatalistes vis-à-vis de la situation mais ne doit pas devenir une échappatoire sur la base de solutions technologiques miraculeuses.**
- **La phase de sensibilisation est absolument nécessaire mais pas suffisante pour enclencher le désir de transformation profonde.**

Enquêter : le diagnostic de nécessité

Executive summary

- Cette première phase de diagnostic vise à replacer l'entreprise et son activité dans son contexte social et écologique.
- Elle permet de connaître les impacts de l'entreprise sur les milieux naturels, mais aussi les risques encourus par l'entreprise du fait des bouleversements écologiques en cours.
- Au-delà d'une analyse à un temps T, l'enquête sur les risques doit être envisagée sur du plus long terme en recourant aux méthodes de la prospective. Ce faisant, elle permet d'évaluer la résilience écologique de l'organisation sur du long terme.

La phase de diagnostic est une étape charnière du processus de redirection écologique à deux titres. D'une part, et dans la prolongation de la phase de sensibilisation, elle doit permettre de **continuer à bâtir *le case for change***, c'est-à-dire le bon argumentaire pour montrer à l'ensemble des parties prenantes (dirigeants, actionnaires, collaborateurs) qu'il est aujourd'hui nécessaire de faire bifurquer l'organisation. Au-delà des considérations générales de la sensibilisation, la phase d'enquête doit alors permettre d'avoir une vision beaucoup plus précise des impacts de l'entreprise sur les milieux naturels, mais aussi d'élargir les arguments mobilisés, **en considérant les risques liés à l'inaction**. Ainsi, l'entreprise doit autant être considérée comme un acteur agissant sur le monde et générant des impacts sur l'environnement et sur l'humain que comme le réceptacle des mouvements du monde, et notamment des bouleversements écologiques en cours. En d'autres termes, c'est le principe de la double matérialité qui doit imprégner toute cette phase d'analyse, à travers des questions comme : sur quels équilibres est-ce qu'une activité repose et comment ces derniers sont remis en cause par l'Anthropocène ? Quels sont les mouvements de l'Anthropocène qui posent une menace sur la pérennité de l'activité ou de l'organisation ? En bref, notre organisation est-elle compatible avec les mouvements et bascules socio-écologiques qui caractérisent notre époque ?

D'autre part, et en vue de préparer la phase d'arbitrage, cette phase d'enquête doit se montrer assez précise pour **cibler ce qui, dans l'entreprise, devra faire l'objet d'une attention particulière**, et potentiellement d'une opération de redirection. Ici, il s'agit donc de bien comprendre que si toute l'organisation doit bien être auditée, c'est à un niveau plus fin que se prendront les décisions de redirection écologique. Dès lors, l'enquête doit s'efforcer de considérer des composantes différentes : le secteur d'activité dans lequel elle évolue et son positionnement dans ce secteur, l'offre de produits et services, le modèle d'affaires associé à ces offres, les pratiques et procédés internes liés à la production ou à la distribution des produits, et enfin la gouvernance de l'entreprise. Par la suite, l'enquête décrite pourra s'appliquer à l'un ou à l'autre de ces niveaux, et nous pourrons parfois parler plus globalement « d'entité » pour désigner l'une ou l'autre. La logique reste à chaque fois la même : restreindre l'objet d'analyse puis l'étudier au prisme des différents critères.

Ainsi, l'enquête est une étape nécessairement longue car elle doit être aussi exhaustive que possible : matières utilisées par l'entreprise, quantité d'énergie consommée, finances, outils utilisés, savoir-faire humains, impacts et relations avec les non-humains, etc.

Pour mieux se repérer, le processus d'enquête peut être découpé en deux grandes étapes :

- **Un diagnostic de nécessité,** qui sera l'objet de ce chapitre et qui devra évaluer l'impératif pour l'entreprise et ses entités de se rediriger (autrement dit, il s'agit d'une évaluation de sa soutenabilité).
- **Un diagnostic de capacité**, que nous détaillerons dans le chapitre suivant, et qui permettra d'étudier les marges dont l'entreprise dispose pour se rediriger.

Dans ce premier diagnostic de nécessité/soutenabilité, il sera donc question **d'impacts**, la façon dont l'entité affecte les équilibres et milieux naturels, mais aussi de **risques**, la façon dont elle est affectée en retour par les bouleversements écologiques en cours et la dégradation des milieux naturels.

Ce faisant, cette phase doit faire découvrir aux dirigeants – entre autres – des éléments humains sur son entreprise qu'ils ignoraient, que ce soit du côté des clients, des fournisseurs ou des salariés. Elle doit aussi permettre une prise de conscience que leur entreprise, parfois jugée plus performante que les autres, n'échappe pas aux tendances et est tout aussi concernée par les bascules en cours. L'objectif est bien de la **ré-encastrer dans son système de vulnérabilités,** ce qui peut être décrit comme le début de l'atterrissage de l'organisation, selon la lecture du sociologue Bruno Latour.

Aussi conséquente qu'elle soit, cette phase d'enquête n'est que la première d'un long parcours menant à un travail d'arbitrage (phase 3) puis de mise en mouvement (phase 4). Le travail à produire constitue un projet conséquent auquel une équipe doit être dédiée pour conserver une cohérence dans son organisation, dans la collecte des informations et dans l'analyse qui doit absolument adopter une approche systémique.

DIAGNOSTIC DES IMPACTS ENVIRONNEMENTAUX

Dans la prolongation d'une sensibilisation ayant donné des premiers ordres de grandeur, l'enquête démarre par un diagnostic de la soutenabilité de l'entreprise, par le biais de ses impacts sur l'environnement. Cette analyse est aujourd'hui déjà assez répandue dans les organisations, du fait de certaines obligations légales et de méthodologies éprouvées, notamment celle du bilan carbone.

Limites des obligations légales et des critères d'impact traditionnels

Le diagnostic des impacts environnementaux fait ainsi partie des prérogatives principales des départements RSE (responsabilité sociétale des entreprises), dans le cadre des obligations de reporting extra-financier des entreprises dépassant certains seuils de chiffre d'affaires ou de salariés. L'analyse d'impact environnemental la plus commune dans les entreprises est à ce jour la **production d'un bilan carbone** lié aux émissions de gaz à effet de serre de l'organisation. Ce type d'analyse atteint ainsi déjà une certaine maturité avec de nombreuses entreprises ayant déjà effectué un bilan ou souhaitant l'effectuer très prochainement.

D'une part, et sur les 3 000 entreprises contraintes par la loi de produire un tel bilan au moins tous les quatre ans, plus de la moitié d'entre elles ne l'ont encore jamais fait en 2023. Les contraintes réglementaires sur les émissions et les sanctions associées s'inscrivant dans une tendance de renforcement, il est urgent que les entreprises retardataires s'inscrivent dans la dynamique pour ne pas devoir rattraper leur retard avec un coût associé beaucoup plus élevé que si elles étaient montées progressivement en puissance en même temps que les réglementations.

D'autre part, et bien que le bilan carbone soit un très bon premier outil pour faire un état des lieux de l'impact environnemental de son entreprise, il se concentre uniquement sur le sujet des émissions de gaz à effet de serre, **périmètre beaucoup trop restreint au regard des multiples enjeux auxquels nous sommes confrontés**. Cette restriction est en réalité le reflet d'un biais bien plus large car dans le débat public également, l'écologie est souvent restreinte à un sujet de réduction des émissions carbone et donc à des enjeux climatiques. Parvenir à réduire véritablement nos émissions permettrait certes de limiter le réchauffement climatique mais des situations tout aussi problématiques persisteraient. À ce titre, le déclin de la biodiversité est sans doute le plus grand angle mort des politiques de développement durable mises en œuvre alors qu'il pourrait être à l'origine de nouvelles pandémies mais aussi d'une baisse drastique de la productivité agricole.

Si les standards de reporting montent progressivement en niveau d'exigence et en cohérence avec notamment la Corporate Sustainability Reporting Directive (CSRD) en vigueur depuis le 1er janvier 2024, ces analyses plus poussées continuent de s'inscrire dans une vision technique et restreinte des enjeux écologiques.

Le pas en avant de la CSRD

Un énorme pas en avant a déjà été effectué avec la prise en compte de la double matérialité (risques subis et impacts générés par l'entreprise), porté par la réglementation extra-financière européenne CSRD qui s'applique en France aux entreprises de plus de 500 salariés, et plus de 20 millions d'euros de chiffre d'affaires depuis le 1er janvier 2024. En effet, ce reporting annuel couvre les facteurs environnementaux (atténuation et adaptation au changement climatique, biodiversité, utilisation des ressources...), les facteurs sociaux (égalité des chances, conditions de travail et respect des droits de l'homme et des libertés fondamentales...), et les facteurs de gouvernance (rôle des organes d'administration, activités de lobbying, gestion des relations avec les partenaires commerciaux...). Ce faisant, il oblige les entreprises à analyser leur relation à l'environnement, et aux différentes parties prenantes humaines, ainsi que les risques associés.

D'un point de vue technique, ce nouveau modèle de reporting est une réelle avancée. Toutefois, le cadre d'ensemble considéré prévoit une évolution plutôt linéaire des conditions écologiques, sociales et géopolitiques et peine à rendre compte des inéluctables mouvements de bascule plus ou moins brusques qui caractérisent notre époque.

Il paraît donc aujourd'hui nécessaire de **sortir d'une vision tunnel**, pour mieux apprécier cette diversité d'enjeux et donc aussi de mieux considérer les substitutions d'effet provoquées par certaines pratiques et politiques. Par exemple, les énergies dites « vertes » sont en effet décarbonées, mais affectent les équilibres naturels de plusieurs autres façons : occupation des sols, extractivisme, pollutions… En somme, d'autres critères que la quantité de carbone dégagée semblent aujourd'hui nécessaires pour apprécier l'impact d'une organisation.

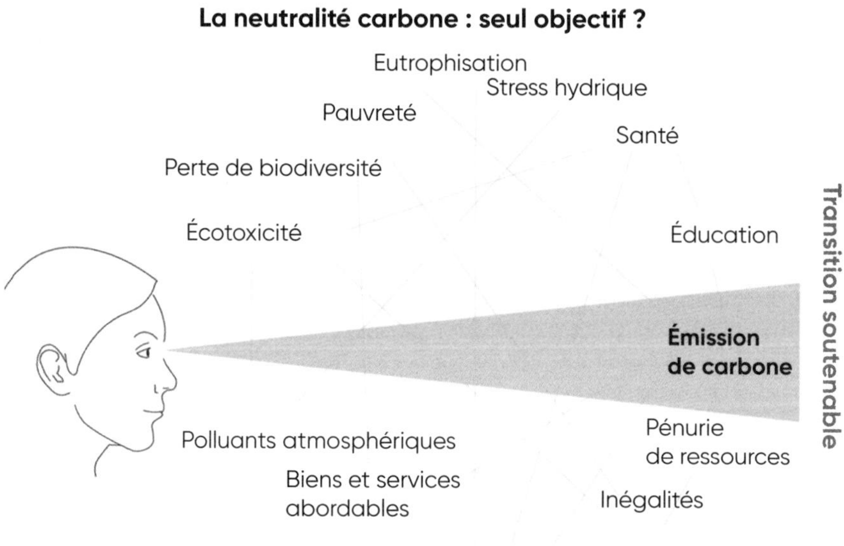

Figure 2.1 – Représentation visuelle de la « vision tunnel carbone »

Source : d'après Jan Konietzko, traduction par BonPote.

Diversifier les critères d'impact

Les impacts sur la biodiversité, la production de déchets ou la consommation d'eau... sont ainsi tout aussi importants à considérer et doivent intégrer l'analyse. Pour ce faire, **le cadre théorique des limites planétaires offre une forme d'exhaustivité pour envisager les impacts d'une organisation sur l'environnement.**

En 2009, les chercheurs Johan Rockström du Stockholm Resilience Centre et Will Steffen de l'université Nationale Australienne souhaitent trouver un nouveau cadre d'analyse des effets des activités humaines (Rockström et al., 2009). Pour cela, ils isolent les équilibres biophysiques de la planète nécessaires pour assurer le maintien de la vie, tant pour les humains que pour la biodiversité. Au total, neuf équilibres sont identifiés, et pour chacun, un seuil à ne pas dépasser est calculé sous peine de perdre la stabilité du système et donc l'hospitalité de la Terre. C'est ainsi qu'on parle **de limites planétaires**, qui sont donc des formes de lignes rouges chiffrées pour définir un cadre durable aux activités humaines. À ce stade, six ont déjà été franchies (Richardson et al., 2023) et au moment d'écrire ce livre, les scientifiques alertent sur le dépassement possible d'une septième limite, l'acidification des océans, dans les années à venir (PBScience, 2024).

Les neuf limites planétaires

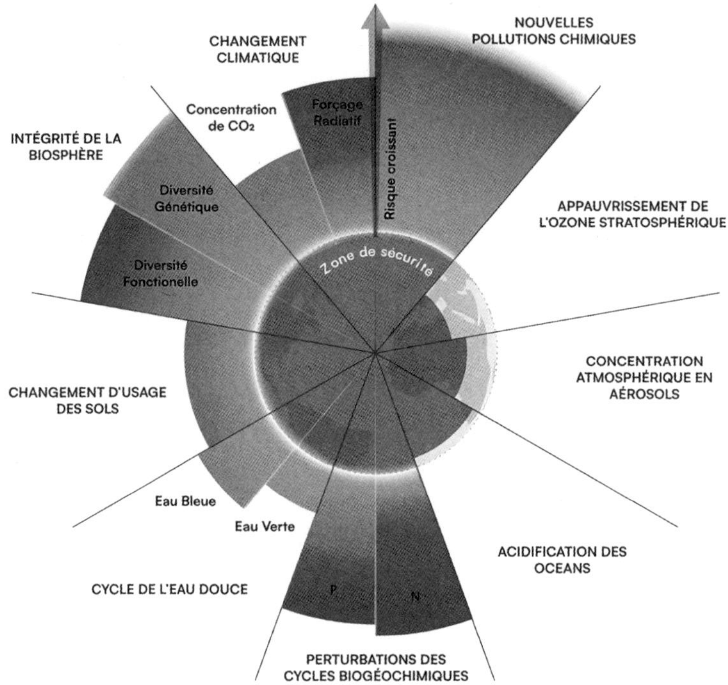

Figure 2.2 *– Les neuf limites planétaires*

Source : Richardson et al. (2023). Traduction : BonPote.

Ozone stratosphérique

L'ozone est présente en très faible quantité et de manière très diffuse dans la stratosphère, avec seulement quelques millimètres si on devait parler en couche, mais elle est vitale, car elle permet d'absorber une partie des rayonnements UV, extrêmement nocifs pour les êtres vivants (UVB et UVC) protégeant ainsi la basse atmosphère et la surface terrestre.

Sa dégradation, l'apparition de « trous » dans la couche d'ozone, dû principalement à certains composants chimiques tels que les CFC, théoriquement interdits aujourd'hui, pourrait ainsi avoir les impacts suivants : apparition et accroissement du nombres et types de cancers, diminution du système immunitaire, déstabilisation de la photosynthèse, la croissance et la productivité des plantes, déstabilisation du développement du phytoplancton (base de la chaîne trophique, alimentaire), perturbation du cycle de vie des animaux, bouleversement d'écosystèmes.

Aérosols atmosphériques

Les aérosols sont des particules de matière qui, du fait de leur très petite taille et de leur masse extrêmement faible, sont en suspension dans l'atmosphère sous forme solide (poussières) ou liquide (embruns), de nature organique (suie) ou minérale (roche érodée). La grande majorité d'entre elles sont d'origine naturelle (éruptions volcaniques, tempêtes de sable, etc.) mais elles peuvent également résulter des activités humaines (aérosols primaires) ou de transformations physico-chimiques dans l'atmosphère (aérosols secondaires).
Depuis l'ère préindustrielle, les activités humaines ont doublé la concentration atmosphérique globale de la plupart des aérosols. Cette augmentation peut avoir des effets sur la santé humaine mais aussi sur le climat, de façon directe (ils diffusent et absorbent le rayonnement solaire) ou indirecte (ils participent à la formation des nuages et influent sur les climats locaux).

Changement climatique

L'effet de serre est un processus naturel qui permet d'atteindre une température moyenne de 15 °C à la surface terrestre, contre -18 °C s'il n'existait pas. Cependant, depuis la révolution industrielle et plus encore avec la Grande Accélération post Seconde Guerre mondiale, les rejets massifs de gaz à effet de serre via la combustion des stocks de carbone (charbon, gaz, pétrole), mais aussi la baisse de la capacité de la Terre à les absorber dans les océans, les sols ou les forêts ont participé à une forte augmentation de cet effet.
Dès lors, la température moyenne sur Terre augmente, avec pour conséquence la fonte des calottes glaciaires (augmentation du niveau de la mer, perturbation des courants marins et fragilisation des espaces côtiers et des littoraux), mais aussi la perte de biodiversité, et la modification générale du climat, qui entraîne notamment une plus forte fréquence et une plus forte intensité des événements climatiques extrêmes (ouragans, vagues de chaleur...).

Acidification des océans

En absorbant une part significative des émissions de dioxyde de carbone (CO2) – un quart du CO2 rejeté par les activités humaines depuis la révolution industrielle –, l'océan joue un rôle essentiel dans la régulation du climat. Toutefois, cet excès de CO2 perturbe la chimie de l'océan mondial

par la diminution de son PH et a des effets néfastes sur de nombreux organismes marins.
L'acidification provoque des modifications de comportements chez les populations de poissons, une diminution de la photosynthèse, une modification des équilibres entre les espèces, un risque de disparition des récifs coralliens (réservoirs considérables de biodiversité et barrière naturelle contre l'érosion des littoraux) ou encore une diminution de la capacité d'absorption et de séquestration du CO2 par les océans.

Perturbation du cycle de l'eau douce

L'eau douce est disponible en très petite quantité sur Terre et représente moins de 3 % du volume total d'eau. De plus, la majorité de l'eau est difficilement accessible avec 69 % dans les calottes glaciaires, 30 % d'eaux souterraines, et seulement 1 % disponible en surface. Le cycle de l'eau est donc particulièrement crucial mais il est déstabilisé par la captation et les détournements des flux d'eau, la modification des flux d'évaporation, l'artificialisation des sols...
Sa modification a des impacts sur la biodiversité et sur les humains mais aussi le climat, de façon globale, via le rôle de la vapeur d'eau, ou locale en modifiant les conditions pluviométriques.

Perturbation du cycle azote-phosphore

L'azote et le phosphore sont deux éléments vitaux pour les végétaux et les animaux. Ils composent une partie de leur ADN, des protéines, et participent à un ensemble de réactions chimiques nécessaires à leur croissance et leur développement.
Le cycle naturel de ces deux éléments est cependant déstabilisé par l'usage d'engrais azotés et phosphatés pour l'agriculture. Combiné à l'intégration du phosphore dans les produits nettoyants (détergents), on observe un relargage massif de ces deux composants dans la nature. Au-delà de la pollution des eaux de surface et souterraines, ces perturbations provoquent des mécanismes d'eutrophisation et d'anoxie. Le surplus d'azote et de phosphore se retrouve dans les écosystèmes marins par lessivage, où il favorise le développement d'algues qui, en se développant, consomment toute l'oxygène disponible et vident ainsi ces zones de toute forme de vie.

Changement d'affectation des sols

Le changement d'affectation des sols désigne le remplacement de forêts ou prairies par une autre occupation des sols. Or les forêts et les prairies jouent un rôle clé sur Terre, notamment dans la régulation du taux de CO2 et d'oxygène par le biais de la photosynthèse et de la respiration.

Les forêts ont aussi un impact sur le cycle de l'eau : elles absorbent une partie des pluies, régulant l'infiltration de l'eau dans les nappes phréatiques ainsi que le débit de ruissellement en surface. Enfin, les forêts accueillent une part importante de la biodiversité terrestre. Leur transformation par dénaturalisation ou artificialisation a donc des conséquences globales.

Intégrité de la biosphère

La biosphère est la partie biotique (vivante) de l'écosystème terrestre. Elle interagit en continu avec les sphères abiotiques (non-vivantes) : lithosphère, hydrosphère, atmosphère. Elle est un facteur de régulation central des équilibres planétaires, et est constituée de l'ensemble des êtres vivants : animaux, végétaux, champignons, bactéries. Aux humains, elle rend de nombreux services écologiques (pollinisation, nourriture...).
La réduction des habitats par l'artificialisation des sols, la diffusion à grande échelle de polluants tels que les pesticides, la surpêche et le changement climatique sont autant de facteurs qui mettent grandement en danger l'intégrité de la biosphère. Les impacts sont tels que certains scientifiques indiquent que nous observons une extinction de masse de nombreuses espèces.

Intégration de nouvelles entités

Les entités nouvelles, ou pollutions chimiques, sont les substances de synthèse, les nouvelles formes de substances ou les formes modifiées de vie produites par l'activité humaine et introduites dans l'environnement. Ces entités ont la particularité d'avoir des effets physiques ou biologiques potentiellement perturbants, et de pouvoir engendrer des déséquilibres. Elles intègrent : les substances chimiques comme le glyphosate ou les phtalates, les matériaux ou organismes de toutes sortes créés ou modifiés (nanoparticules, microplastiques, OGM...) et certains éléments naturels concentrés. Ces nouvelles entités peuvent être persistantes (très peu biodégradables), bioaccumulables (les organismes qui les assimilent les accumulent au cours de leur vie), mobiles sur des très grandes distances car très volatiles, ou encore toxiques.

Grâce à ce cadre, il devient possible d'étudier différemment les impacts de l'organisation sur l'environnement, à savoir limite par limite. Contrairement à un bilan carbone, et au regard de la complexité de ces phénomènes mais aussi d'un manque d'informations disponibles, il ne sera bien entendu pas possible de chiffrer précisément les impacts de l'organisation sur certaines de ces limites tels que l'acidification des océans ou la modification des cycles azote-phosphate. Plutôt qu'une mesure, il convient pour ces cas de réaliser une évaluation qualitative des impacts, en interrogeant chaque maillon de sa chaîne de valeur.

Passer la chaîne de valeur en revue

Pour une analyse complète, il s'agit en effet de considérer l'ensemble des flux, énergies et matières premières dont l'eau, qui entrent dans le fonctionnement de l'entreprise, ainsi que tous les flux sortants que ce soit sous forme de déchets, d'effluents ou d'émissions atmosphériques. À cela, il faut alors ajouter tous les impacts environnementaux indirects liés aux activités amont de la production de l'entreprise, associés aux flux entrants, et aux activités aval, associés aux flux sortants, dont font partie les produits fabriqués. Pour ce faire, il s'agit donc bien d'analyser l'ensemble de la chaîne de valeur de l'entreprise, en couplant cette dernière aux limites planétaires.

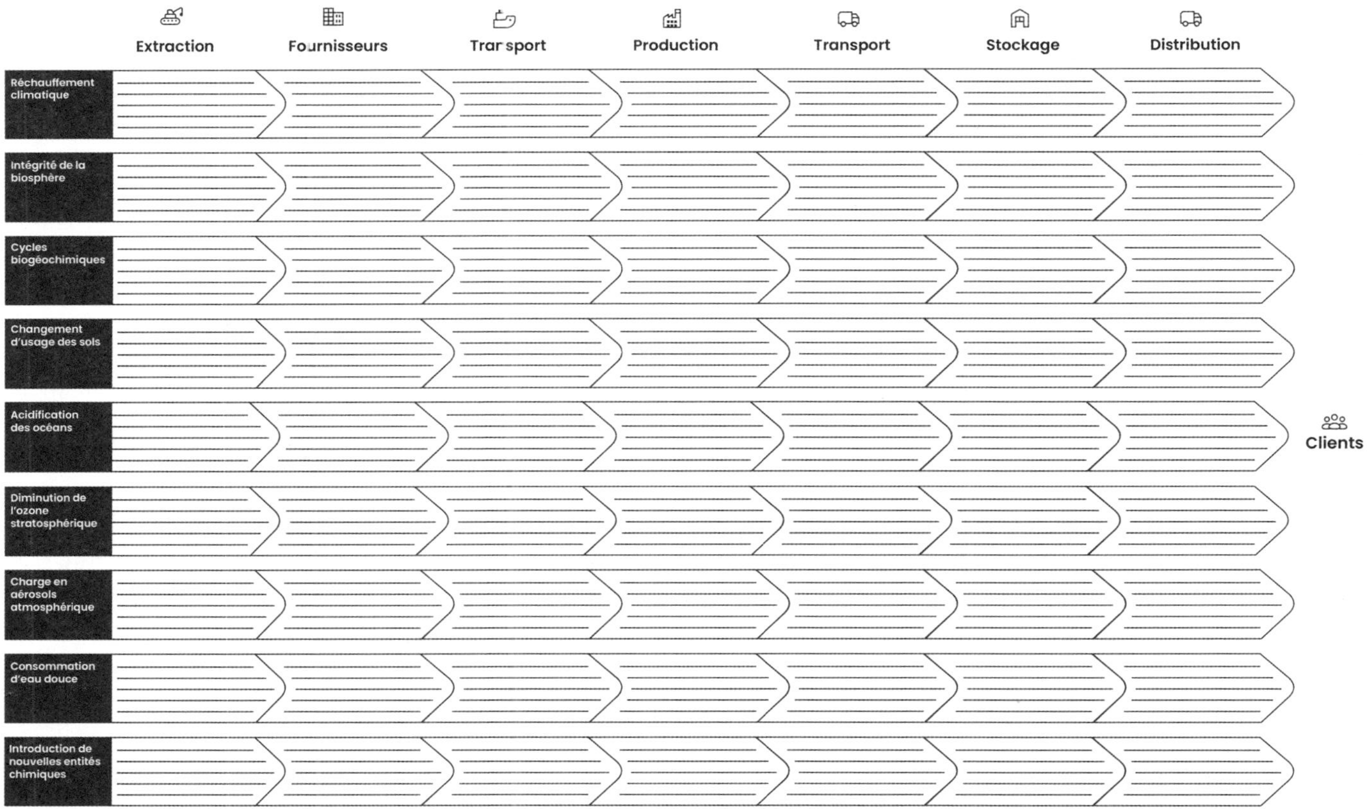

Figure 2.3 – *Tableau croisé chaîne de valeur de l'entreprise – limites planétaires*

Source : sinonvirgule.

Ce tableau croisé chaîne de valeur – limites planétaires invite donc l'entreprise à une introspection détaillée de son activité allant de l'extraction des matières premières jusqu'à l'utilisation du produit par les clients et sa fin de vie.

Dans cette enquête, il sera parfois complexe d'obtenir des données chiffrées précises sur certaines étapes de la chaîne de valeur, entre autres en amont, dans les phases d'extraction et de fabrication des fournisseurs. L'objectif est idéalement de collecter des données quantifiées pour l'ensemble des cases du tableau pour lesquelles un impact est identifié. Cependant, lorsque cela devient trop complexe, identifier la forme que prend l'impact pour une case donnée, et indiquer une estimation si des mesures précises ne sont pas disponibles sera déjà extrêmement utile. Ce tableau doit être envisagé comme une cartographie d'ensemble des impacts de l'entreprise qui représente une composante essentielle de son rôle dans l'Anthropocène. Il peut aussi prendre la forme de cartographies plus qualitatives, comme ci-dessous.

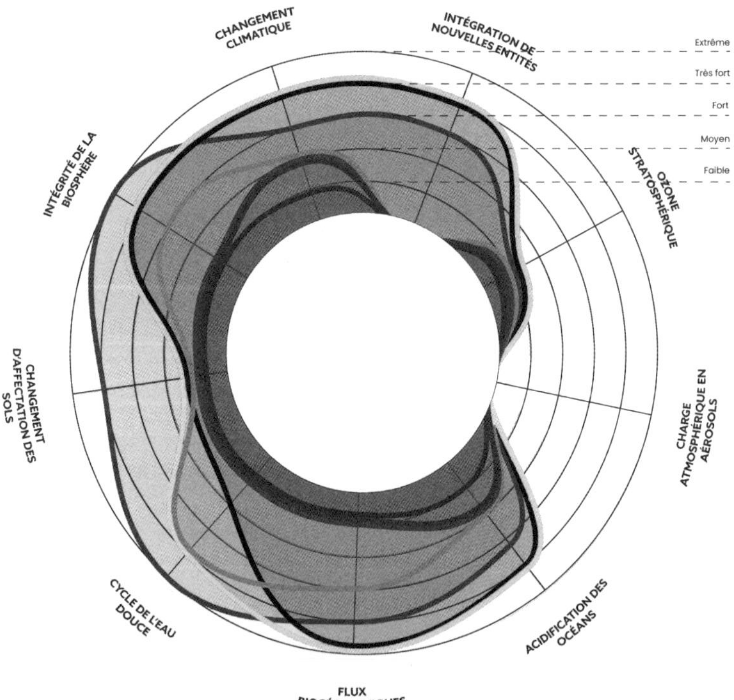

Chaque trait correspond à une étape de la chaîne de valeur de l'entreprise.

Figure 2.4 *– Extrait d'une mission de mesure d'impact pour une entreprise de la mode*

Source : sinonvirgule.

En complément de cette analyse croisée, il peut être utile de produire des analyses de cycle de vie classiques par le biais d'un prestataire spécialisé pour au moins un produit représentatif de chaque grande gamme de produits du catalogue de l'entreprise.

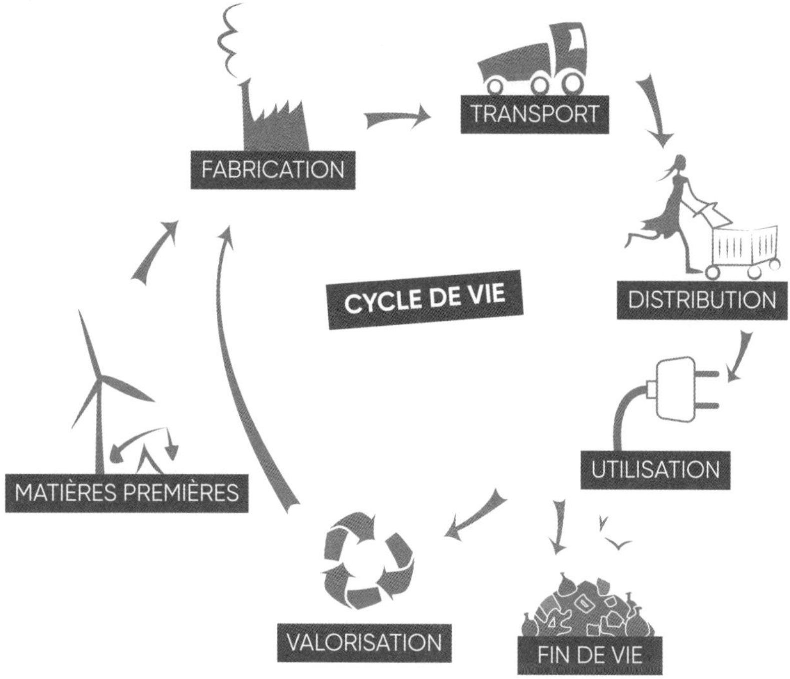

Figure 2.5 *– Cycle de vie d'un produit*

Source : d'après l'Ademe.

De la même manière que précédemment, une analyse de cycle de vie permettra d'identifier, à partir de logiciels et de bases de données dédiées, les impacts de l'entreprise sur l'ensemble des étapes de la chaîne de valeur du produit de l'extraction à la fin de vie. Les référentiels d'impacts diffèrent de l'approche précédente en se concentrant sur les composantes suivantes (méthode dite *mid-point*) :

- dommages écologiques : changement climatique, effet de serre, acidification (pluies acides), écotoxicité aquatique ;
- dommages sur la santé : destruction de la couche d'ozone, oxydation photochimique (*smog* photochimique), radiations ionisantes ;

- diminution des ressources : consommation d'énergie (ressources abiotiques), épuisement des ressources eau, épuisement des ressources naturelles.

En combinant la vision d'ensemble des impacts environnementaux de l'activité vis-à-vis des limites planétaires et les analyses de cycle de vie détaillées de produits phares du catalogue, l'entreprise est en mesure d'estimer à différentes échelles et sur toute sa chaîne de valeur l'impact de son activité sur l'environnement.

Zoom sur… le modèle d'affaires

Dans cette enquête, et au-delà de l'offre et de la chaîne de valeur, une attention particulière peut être portée à **l'impact du modèle d'affaires même de l'organisation**, d'autant plus s'il est fondé sur de la vente au volume comme la majorité des modèles d'affaires. La vente au volume peut poser un problème en termes d'impacts environnementaux à cause de l'effet Jevons ou effet rebond : si l'entreprise est amenée à améliorer ses processus de production pour réduire les impacts environnementaux mais que ses ventes augmentent à un rythme plus élevé que les gains écologiques sur la production, ces gains sont en final effacés par le volume. Exemple : l'entreprise diminue les émissions de gaz à effet de serre de -2 % par an pour la fabrication de son produit, mais le volume de vente augmente de 4 % par an. Finalement, les émissions de gaz à effet de serre de l'entreprise auront augmenté de 2 % par an. Les gains écologiques obtenus sur chaque unité de produit sont noyés dans le volume de produits qui augmente plus vite. Idéalement, il faudrait que les gains écologiques annuels soient beaucoup plus conséquents que l'augmentation du volume de vente. C'est un objectif difficilement atteignable dans le paradigme actuel de recherche de croissance du volume la plus forte possible.

Il faut donc identifier les différents modèles d'affaires appliqués par l'entreprise pour ses différents produits ou services, avec une question simple : est-ce que l'objectif est d'en vendre toujours plus ? Si la réponse est positive, cela constituera un des piliers du fonctionnement de l'entreprise sur lequel travailler dans les phases d'arbitrage et de redirection écologique.

À la fin de ce premier diagnostic, plusieurs réactions types peuvent être attendues. La première, dans la prolongation des émotions générées par la phase de sensibilisation, peut **être une forme de choc ou de déni**. Les impacts et la dégradation des milieux naturels, jusque-là considérés comme une réalité globale à l'échelle du monde, d'un pays ou d'un secteur deviennent brutalement plus concrets en étant ramenés ici à l'échelle de l'entreprise et des humains qui l'animent. Un sentiment de responsabilité peut en découler, mais des inquiétudes et angoisses peuvent également naître à tous les niveaux hiérarchiques de l'entreprise. **La seconde réaction, pouvant se combiner avec la première, pourra être une forme de désengagement, avec des décideurs faisant valoir leur impossibilité à changer, ou le fait que ce n'est pas leur rôle.** Les éléments d'enquête fournis par la deuxième étape du diagnostic de soutenabilité pourront alors permettre de débloquer cette situation.

DIAGNOSTIC DES RISQUES

Le diagnostic des risques vise à réencastrer/replacer l'entreprise dans un système écologique et social pour **révéler des vulnérabilités que l'analyse traditionnelle peine à repérer**. En effet, cette analyse devra révéler la dépendance de l'entreprise au fonctionnement du monde économique, mais également écologique, à une heure où les écosystèmes sont profondément bouleversés. Cette étape participe ainsi à la construction d'une photographie complète à l'instant T des processus de l'entreprise et de ses relations, de façon beaucoup plus étendue que ce qui est souvent considéré dans la gestion opérationnelle.

Insuffisance des méthodes traditionnelles

L'approche historique de l'analyse des risques se décline traditionnellement sur trois environnements distincts :

1. les risques spécifiques à l'entreprise entre autre opérationnels : technologie, processus, réglementation, humains, etc. ou encore financiers à savoir profitabilité, liquidité et financements ;
2. les risques de marché relatifs à la macro-économie, des mouvements de marché et une possible inadéquation stratégique ;
3. les risques périphériques engendrés par des enjeux géopolitiques ou encore des catastrophes écologiques et humaines.

De fait, ce modèle d'analyse des risques se caractérise par une approche en silo, présentant les trois environnements de risques (entreprise, marché, périphérique) de façon cloisonnée. Une telle approche a le mérite de simplifier l'analyse et ne pose pas de réels problèmes en période de stabilité et/ou de croissance du développement d'un pays ou d'un secteur d'activité. Toutefois, et parce qu'elle peine à révéler les liens de dépendance entre l'entreprise, son marché et des systèmes socio-écologiques complexes, une telle lecture présente le défaut d'invisibiliser l'aspect systémique des multiples enjeux auxquels sont confrontées les entreprises, comme nous l'avons vu dans la phase 1.

Cette insuffisance est particulièrement problématique au regard des multiples crises qui s'additionnent et se combinent aujourd'hui. **Plutôt que de crise, qui suppose un aspect circonscrit dans le temps et un retour à la normale, il paraît d'ailleurs plus adéquat de parler de trajectoires de ruptures, caractérisées par un changement irréversible du fonctionnement de notre environnement et de nos modes de vie.**

À titre d'exemple, la crise sanitaire liée au Covid-19 puis l'enclenchement de la guerre en Ukraine et leurs conséquences sur l'approvisionnement en matières premières, biens intermédiaires et énergie ont entraîné une dynamique de repli économique de nombreux pays, dont les États-Unis, qui rebattent les cartes des relations internationales. Un tel bouleversement n'avait pas été envisagé seulement cinq ans auparavant.

De ce fait, il est urgent de réencastrer l'analyse des risques de nos organisations au sein d'un système de co-dépendances socio-écologiques, afin d'en révéler les dynamiques, les phénomènes de contagion et donc, les vulnérabilités profondes.

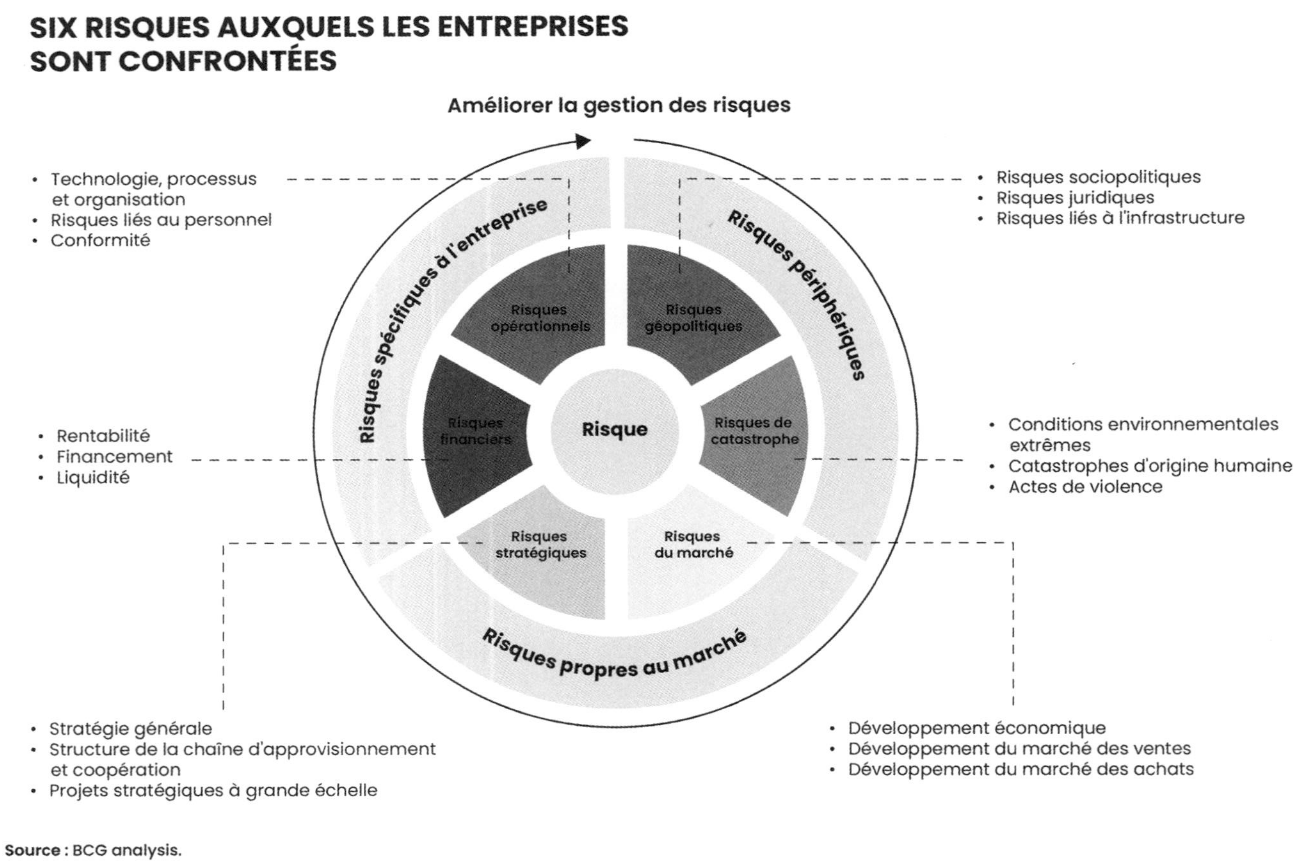

Figure 2.6 – *Typologie traditionnelle des risques d'entreprise*

Source : d'après BCG Analysis.

Vers un nouveau processus d'évaluation des risques

Le processus de prise de conscience, d'analyse et de réencastrement de l'entreprise dans les grands enjeux de la planète, qui se déclinent jusqu'aux échelles locales pour la grande majorité d'entre eux, doit se décomposer en deux étapes principales.

Étape 1 : analyse des trajectoires de bascules avec le modèle GREPS

Le modèle GREPS (géopolitiques – ressources – équilibres naturels – politiques – sociaux) de sinonvirgule propose une analyse des risques réencastrée et centrée sur les dynamiques de rupture plus à même de prendre en compte la volatilité des conditions d'activité des entreprises. Il permet de visibiliser les relations de dépendances, et donc les vulnérabilités, entre un environnement d'entreprise et un contexte socio-écologique. Pour cela, le modèle propose cinq environnements de risques qui révèlent en réalité cinq mouvements majeurs qui prennent aujourd'hui place dans l'Anthropocène.

Ces mouvements sont souvent appréhendés comme des crises, mais les changements profonds, aussi bien aux échelles locales que globales, qui y sont associés en font en réalité des bascules. Ces bascules sont définies par des caractéristiques spécifiques : non circonscrites dans le temps avec un point d'inflexion instable et inconnu. Même si la bascule et la tendance qui suivra peuvent être rapides ou lentes, en fonction des domaines, les transformations attendues sont si grandes que la difficulté de prévoir les points d'inflexion appelle la nécessité de développer une capacité de veille importante à leur égard. La logique du modèle GREPS pousse les entreprises à identifier un certain nombre de signaux faibles et de mouvements déjà observables.

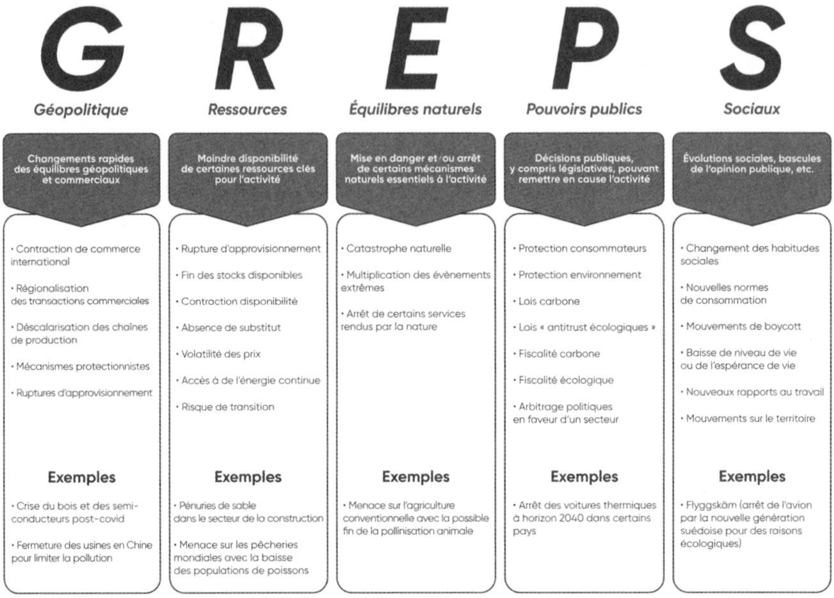

Figure 2.7 – *Cinq environnements de risques…*

Source : sinonvirgule.

		STATU QUO	NOUVEAU PARADIGME
G	**Bascule Géopolitique**	d'un monde globalisé caractérisé par une mondialisation marchande et financière et l'uniformisation de nos modes de vie	vers des économies plus autonomes, relocalisées et ré-inscrites dans des contraintes territoriales fortes
R	**Bascule liée aux Ressources**	d'un monde d'abondance et de disponibilité à moindre coût (pour les ressources naturelles mais pas que. ex : le travail)	vers un monde de la rareté, de l'irrégularité et de la compétition accrue pour accéder à des ressources clés
E	**Bascule liée aux Équilibres Naturels**	d'un monde habitable par l'humain, stable, et permettant aux sociétés humaines de se développer sereinement	vers un monde instable, avec des aléas extrêmes et une perte des services écosystémiques rendus à l'homme

		STATU QUO	NOUVEAU PARADIGME
P	**Bascule Politique**	d'économies régies par des intérêts économiques et des objectifs de développement	vers une priorisation d'autres enjeux (comme la santé) et un encadrement strict des activités humaines. Sujet de l'utilité sociale de l'offre de l'entreprise questionné pas seulement par le marché.
S	**Bascule Sociale**	d'une société de consommation caractérisée par une certaine paix sociale	vers des formes de vie plus sobres et des mouvements sociaux plus intenses

***Tableau 2.1** – … qui s'inscrivent dans 5 bascules possibles*

Source : sinonvirgule.

Quelques signaux faibles

Le tableau suivant présente des exemples qui crédibilisent la possibilité de ces différentes bascules, et qui pourraient donc enclencher une transformation profonde d'une ou plusieurs composantes de notre système socio-économique et ainsi affecter le fonctionnement actuel des entreprises. Ces exemples correspondent sciemment à des évènements réels pour permettre d'identifier le type d'aléa à repérer, pouvant matérialiser un mouvement de bascule.

G	En avril 2023, une loi est votée à une très large majorité au Parlement européen. Elle vise à interdire les produits importés issus de la déforestation – tels que le chocolat, le café, le bois ou le caoutchouc – pour lutter contre le changement climatique et préserver la biodiversité. Certains eurodéputés verts réclament déjà un élargissement de ce texte afin d'inclure d'autres écosystèmes fragiles comme les mangroves et d'autres produits comme le maïs. En octobre 2023, l'Inde, confrontée à une pénurie de riz et à une forte inflation sur son marché intérieur suite à des sécheresses répétées, interdit l'exportation de riz blanc non-basmati. Cette décision prend la suite de celle de septembre 2022, où les exportations de brisures de riz avaient déjà été interdites, et le riz de qualité supérieure était taxé à 20 %. Ce pays réalise à lui seul 40 % des expéditions planétaires, et l'insécurité alimentaire risque d'augmenter fortement dans les pays africains, la Turquie ou le Pakistan.

R	Le changement climatique, et notamment les sécheresses chroniques, sont une des causes identifiées de pénuries – et donc d'inflation – sur des produits alimentaires. En Italie par exemple, la production baisserait de 20 à 30 % d'une année sur l'autre, touchant les approvisionnements en huile d'olive, riz pour risotto et passata. La récolte d'olive en France dans la Drôme et l'Ardèche serait également potentiellement réduite de 20 à 80 %. Ces phénomènes touchent également le Moyen-Orient, l'Afrique ou l'Inde. Le rejet par le gouvernement chilien d'un nouveau projet minier, et le non-renouvellement d'une licence d'exploitation minière au Panama en 2023, avec pour motivation la protection de l'environnement, vont fortement affecter l'extraction mondiale de cuivre, minerai essentiel à la transition énergétique.
E	Selon une étude lancée en 2022 par le gouvernement espagnol, 74 % du territoire serait menacé de désertification, et ce de manière quasiment irréversible. Pour cause, la transformation ces dernières années de certaines provinces en « potager de l'Europe » malgré le climat sec – jusqu'à ce que l'agriculture représente 3 % du PIB du pays. La sécheresse menace le canal de Panama, où transite 6 % du commerce maritime mondial, et qui a dû restreindre l'accès à la voie interocéanique. En effet, les deux lacs artificiels qui fournissent le canal en eau ont vu leur niveau baisser drastiquement ces dernières années. Les autorités craignent une situation où des arbitrages devront être faits entre fournir de l'eau pour la consommation des habitants de la région, et maintenir l'activité commerciale.
P	Pour lutter contre la sécheresse, neuf maires du Var ont annoncé en 2023 l'arrêt de tout nouveau permis de construire dans les cinq années à venir, afin de lutter contre la sécheresse. Une décision inédite à l'échelle d'une communauté de communes en France. « Jusqu'à présent, on adaptait l'eau à l'urbanisme : vous construisiez, la mairie apportait l'eau. Aujourd'hui, il faut adapter l'urbanisme à l'eau », explique un des édiles. Aux Pays-Bas, le gouvernement adopte un plan de réduction drastique des émissions d'azote. Bloqué depuis plusieurs années par une loi empêchant tout nouveau projet émetteur, le pays s'est fixé l'ambitieux objectif de réduire de 50 % les émissions d'azote d'ici à 2030 et a dégagé pour cela un budget de 24,3 Milliards d'euros. Ce dernier doit notamment permettre la reconversion voire l'expropriation d'agriculteurs pratiquant l'élevage intensif. Une baisse de 30 % de la taille du cheptel bovin est notamment évoquée, soit un revirement radical pour le premier exportateur européen de viande.

S	Au Royaume-Uni, la consommation de viande par personne a atteint son plus bas niveau depuis les années 70. Elle a baissé de 14 % en dix ans, sous l'effet conjugué de l'inflation et d'un changement profond des modes de vie. En 2021, une étude de Cécile Desaunay intitulée « la société de déconsommation » avait noté la stagnation voire le déclin de certains postes de consommation comme la viande, le papier ou encore l'automobile. Phénomène relativement nouveau : la communauté scientifique se joint désormais aux différentes manifestations contre la réalisation de projets climaticides, mettant ainsi une pression singulière sur les gouvernements. À l'automne 2023, 1 500 scientifiques ont par exemple signé une lettre ouverte au Président de la République française pour demander l'arrêt de la construction de l'autoroute A69 entre Castres et Toulouse.

***Tableau 2.2** – Exemples de signaux faibles*

Source : Veille par les auteurs de l'ouvrage.

Il est important de prendre en compte que les différents risques considérés avec l'analyse GREPS ne peuvent pas être considérés de manière indépendante les uns des autres, ni décorrélés des multiples impacts de nos activités sur l'environnement. Pour exemple, en réaction à la dégradation de la qualité de l'eau dans les nappes phréatiques liée à l'utilisation massive d'engrais (bascule équilibres naturels), le plan de réduction de l'azote adopté par le gouvernement aux Pays-Bas (bascule politique) en 2019 a entraîné une défiance de la part des agriculteurs envers le gouvernement et les partis politiques historiques (bascule sociale), exprimée par de nombreuses manifestations dans le pays et la création d'un nouveau parti politique.

Il est possible de retrouver dans cette classification des risques de bascule, la distinction qui est habituellement faite entre les **risques de transition** (coûts et impacts liés à de nouvelles législations écologiques, ou changement de comportement consommateur : géopolitique, politique et social), et les **risques physiques** (dommages suite à une catastrophe naturelle/événement climatique et répercussions sur une chaîne de valeur, comme une indisponibilité des ressources ou des ruptures d'approvisionnement : équilibres naturels et ressources).

Déclinaison sur la chaîne de valeur

L'analyse de l'activité de l'entreprise avec le modèle GREPS nécessite de bien définir toute la chaîne de valeur de l'entreprise, ainsi que la ou les localisations géographiques associées à chacune de ces étapes. La chaîne de valeur constitue toutes les étapes de la vie des produits de l'entreprise. De l'extraction des matières premières jusqu'à la fin de vie du produit que ce soit dans une déchetterie ou un centre de recyclage.

Ensuite, l'analyse GREPS doit être appliquée à chacune des étapes de la chaîne de valeur en prenant en compte les spécificités géographiques correspondantes. Si l'un des fournisseurs principaux de l'entreprise est installée en Asie, il est nécessaire de prendre en compte les enjeux spécifiques de cette région sous le prisme GREPS.

Regrouper ensuite tous les risques et enjeux dans un seul tableau en distinguant les étapes de la chaîne de valeur et en mettant en exergue les risques similaires pour différentes étapes (voir tableau 2.3 pour un exemple).

Avec cette vision d'ensemble, il est alors possible de tirer des enseignements sur les risques les plus répandus au sein de votre chaîne de valeur, les localisations géographiques potentiellement les plus problématiques, mais aussi les cas spécifiques qui pourraient requérir tout autant d'attention de par l'ampleur des risques associés.

	LOCALISATION GÉOGRAPHIQUE	GÉOPOLITIQUE	RESSOURCES	ÉQUILIBRES NATURELS	POLITIQUE	SOCIAL
Extraction matières premières	Chili	**Risque A** Risque B	*Risque E*	Risque G	Risque K	
	Panama	**Risque A** Risque C	*Risque E*	Risque G	Risque K	
Traitement matières premières	Chine	**Risque A**	Risque F	Risque H	Risque K	

	LOCALISATION GÉOGRAPHIQUE	GÉOPOLITIQUE	RESSOURCES	ÉQUILIBRES NATURELS	POLITIQUE	SOCIAL
Acheminement matières premières	Mer	Risque D	<u>Risque F</u>	Risque I		
Fabrication composants	Pologne				Risque L	Risque O
Acheminement composants	Terre		<u>Risque F</u>			
Assemblage composants	France					
Distribution des produits	France					
Vente des produits	France					Risque P
Utilisation des produits	France				Risque M	Risque P
Fin de vie des produits	France			Risque J	Risque N	

***Tableau 2.3** – Identification des différents risques en fonction de l'étape de la chaîne de valeur et de la localisation géographique*

Source : Les auteurs de l'ouvrage.

Étape 2 : Projeter ces risques dans le temps (analyse de risque par scénario)

L'analyse effectuée à l'étape précédente est statique à l'instant T, et sa valeur est largement amplifiée lorsqu'elle est appliquée de façon dynamique dans le temps, via l'élaboration de différents scénarios macro-économiques et sociaux. En effet, l'ampleur de l'impact de ces trajectoires de rupture sur l'entreprise dépend de phénomènes exogènes, qui peuvent être d'origine écologique, économique ou sociologique. Si on comprend que l'ensemble de ces facteurs présentent, eux aussi, des interrelations (par exemple, en l'absence de politiques climatiques ambitieuses, les entreprises font face à de moindres risques de transition, mais s'exposent à davantage de risques physiques), il s'agit maintenant de les projeter dans le futur, selon différents scénarios possibles.

En explorant plusieurs avenues du futur et en y projetant l'entreprise et ses composantes, cette étape permet de montrer que, quel que soit le chemin emprunté par nos sociétés (sobriété radicale, perte d'habitabilité…), de graves risques de discontinuité pèsent sur l'entreprise, alors que certains risques peuvent sembler bénins à ce jour. Elle constitue donc une étape importante de l'analyse des risques.

Le renouveau de la discipline prospective

La prospective est une démarche consistant à engager une réflexion sur le temps long, et à envisager pour cela une variété de futurs possibles. La prospective stratégique est une approche fondée dans les années 1950 par le français Gaston Berger. Elle s'est ensuite développée dans les organisations publiques puis privées des années 1960 aux années 1990, avant de s'essouffler peu à peu… mais de réapparaître aujourd'hui ! En effet, depuis plusieurs décennies, une pensée plus court-termiste s'est imposée, liée à des exigences de performance mais aussi à une forme d'accélération de nos économies. Dès lors, la gestion s'est concentrée sur une gestion des crises qui rend complexe l'analyse et surtout la prise en compte de dynamiques plus longues. Si cette logique a semblé fonctionner jusqu'à récemment, il semble qu'elle montre aujourd'hui ses limites. Ainsi, nous sommes de plus en plus pris à défaut par des événements jugés imprévisibles, tels que ceux cités plus haut, car nous n'avons jamais eu l'audace, ou l'occasion, de les imaginer. Or, comme le note Pierre Rosanvallon, « l'impuissance naît de l'impensé »[1]. C'est donc l'objectif – ambitieux – de la discipline prospective : penser l'impensable – et donc abolir l'impensé. Ce faisant et grâce à ce rôle d'anticipation, la prospective est aussi profondément ancrée dans l'action en ce qu'elle permet de ne pas subir des futurs proposés par ailleurs et notamment par des organisations au fort pouvoir normatif comme les Gafam. En cela, elle est **un outil d'aide à la décision indispensable** dans les différentes strates d'une entreprise, tant pour prendre des options stratégiques d'ampleur que pour ouvrir le dialogue et changer de regard sur son secteur et les implications de son métier. En étant partagée, la prospective permet ainsi de créer des vues communes – voire un sens commun – et

1. Interview dans *Le Monde du* 31 août 2018.

ainsi de calmer et canaliser les inquiétudes qui peuvent apparaître au cours de l'analyse des risques à l'instant T. Cette approche permet aussi de garantir une forme de cohérence dans les actions qui seront menées dans l'organisation. Michel Godet, auteur de l'ouvrage *La prospective stratégique*, résume ainsi le but de cette discipline : « éclairer l'action présente à la lumière des futurs possibles et souhaitables ».

Méthode

Pour envisager les différents scénarios, fondements de l'approche prospectiviste, il est possible de se baser sur certains scénarios de référence existants (Ademe Transition(s) 2050, *Shared Socio-Economic Pathways* utilisés par le Giec).

De tels scénarios peuvent permettre à des décideurs de réaliser une première projection de leurs modèles dans différentes trajectoires du futur. Toutefois, pour une organisation, le plus souhaitable est d'utiliser ces derniers comme des cadres de référence pour bâtir ses propres scénarios, *ad hoc*, et ainsi être certains de s'intéresser et de projeter dans le futur les déterminants de son activité plutôt qu'une vision globale de la société. En effet, toute réflexion prospective est influencée par les caractéristiques spécifiques des organisations : secteur d'activité, partenaires, clients, ou encore périmètre d'action.

Exemple : *Scénarios de prospective – Transition(s) 2050 par l'Ademe*

En 2021, l'Ademe a publié un rapport présentant un exercice prospectif de scénarisation en rassemblant des éléments de connaissances techniques pour favoriser les débats sur ce qui est possible et souhaitable pour l'avenir de la France. Les quatre scénarios, du plus frugal au plus productiviste, sont décrits non seulement en termes d'organisation de la société mais également en termes de modalité de réalisation. Ces scénarios, qui visent tous à atteindre la neutralité carbone, respectent les critères énoncés plus bas dans cette section, puisqu'ils sont contrastés entre eux, présentent une vision systémique, et sont réalistes avec une narration complémentaire aux aspects techniques prenant en compte les dynamiques sociologiques. Cinq axes structurants ont été choisis pour définir ces scénarios : techniques, économie, société, gouvernance et territoires.

Nous présentons ici un extrait de la description des quatre scénarios proposés par l'Ademe avec un seul élément par thème en exemple.

	GÉNÉRATION FRUGALE S1	COOPÉRATIONS TERRITORIALES S2	TECHNOLOGIES VERTES S3	PARI RÉPARATEUR S4
		TECHNIQUES		
Leviers principaux sur les émissions	- Sobriété forte et efficacité énergétique	- Sobriété, efficacité énergétique et diversification des renouvelables selon les territoires	- Ciblage de l'offre sur les énergies décarbonées, efficacité énergétique	- Offre énergétique bas carbone et décarbonée, + captage et séquestration du carbone (CCS) + puits technologiques
		ÉCONOMIE		
Modèle économique	- Moindre attention à la croissance du PIB qu'à d'autres indicateurs sur le contenu de la croissance	- Croissance plus qualitative que quantitative, « réindustrialisation » de secteurs clés, redistribution	- Verdissement de la croissance, poursuite de la tertiarisation de l'économie, métropolisation et techno push, politique d'offre	- Activité encore relativement carbonée, réduction de la pauvreté par une forte croissance
Marchés et commerce international	- Commerce international contracté - Économie plutôt protectionniste - Circuits courts de biens et services (ex. : alimentation)	- Marché dual (commerce international plus régulé + essor de marchés locaux), protectionnisme ciblé (social et environnemental) et planification multi-échelle (locale, nationale, européenne)	- Acteurs publics comme garants du cadre d'action des acteurs privés	- Forte mondialisation - Fortes spécialisations territoriales (tirant parti d'avantages comparatifs)

	GÉNÉRATION FRUGALE S1	COOPÉRATIONS TERRITORIALES S2	TECHNOLOGIES VERTES S3	PARI RÉPARATEUR S4
		SOCIÉTÉ		
Modes de vie	- Frugalité - Préférence pour le local - Transparence de la gouvernance, des chaînes d'approvisionnement, etc. - Recherche de sens	- Redistribution - Évolution plus soutenable des modes de vie - Recherche d'accès aux usages plutôt qu'à la propriété des objets	- Consumérisme vert - Société connectée	- Diffusion et amplification du modèle de consommation individuelle de masse
		GOUVERNANCE		
Outils de gouvernance	- Priorité des investissements et des choix publics à la transition écologique avec l'implication des citoyens - Réorientations des moyens sur les actions de baisse rapide des besoins énergétiques et des GES, et logiques de soutien aux territoires	- Instances de décisions multipartites (territoires, corps intermédiaires, entreprises, citoyens) - Politiques environnementales contractuelles et multi-échelles - Mesures protectionnistes - Politiques de développement humain (éducation, santé)	- Politiques de développement économique additionnelle, la question climatique est prise en charge et traitée par le milieu économique	- Politiques de développement économique sans coercition, constitution de groupements d'acteurs sur les technologies clés (ex. : de CCS) - Travail spécifique sur l'acceptabilité des technologies clés

	GÉNÉRATION FRUGALE S1	COOPÉRATIONS TERRITORIALES S2	TECHNOLOGIES VERTES S3	PARI RÉPARATEUR S4
		TERRITOIRES		
Modèle de développement local	- Rôle important des territoires comme catalyseurs de ressources et de leviers d'actions vers la transition écologique - Biorégionalisme - Maîtrise forte de l'étalement urbain - Repeuplement de zones délaissées : communes rurales, petites villes…	- Contractualisation entre zones urbaines et rurales, agglomérations et hinterlands - Planification énergétique locale et politiques foncières structurantes (construction, forêt…) - Contre-urbanisation et reconquête démographique des territoires périphériques et ruraux	- Rôle moteur des métropoles, espaces d'innovation et de déploiement des nouvelles techniques et des pratiques de partage - Mise en concurrence des territoires selon leurs potentiels et avantages comparatifs - Villes « fonctionnelles »	- Poursuite de l'étalement urbain - Pilotage centralisé de l'évolution des systèmes énergétiques - Modèle territorial standardisé - Métropolisation

***Tableau 2.4** – Extrait de la description des 4 scénarios proposés par l'Ademe dans le cadre du programme Transition(s) 2050*

Source : Ademe.

Une approche pertinente pour construire ses scénarios se déroulerait ainsi.

Tout d'abord, il est nécessaire de définir un sujet et un horizon. À ce jour, il semble pertinent de choisir 2050 comme date butoir ce qui donne environ 25 ans de temps de projection. C'est une durée assez longue pour observer des évolutions profondes mais aussi une durée raisonnable pour qu'il y ait encore des correspondances avec le monde actuel. Cette durée permet également de concevoir encore l'existence de l'entreprise et conceptualiser sa pérennité.

Ensuite, il faut identifier un ensemble de facteurs qui influencent fortement le sujet considéré, et que nous pouvons appeler des « déterminants socio-écologiques ». Parmi ces déterminants, certains sont susceptibles d'avoir une trajectoire relativement connue pour les années à venir ; et il est en tout cas possible de les projeter dans le temps. Autrement dit, ils sont caractérisés par des tendances lourdes, comme la démographie. Ils deviennent alors les « invariants », c'est-à-dire les tendances communes aux différents scénarios que nous allons créer.

À l'inverse, certains déterminants sont sincèrement incertains. Allons-nous vers un exode rural ou urbain ? vers une mondialisation accrue ou une contraction des échanges mondiaux ? vers davantage ou moins de sobriété ? Ces variables clés sont alors manipulées dans différentes trajectoires de façon à créer des mondes différents et polarisés, qui constituent donc nos scénarios d'analyse. C'est enfin au sein de ces scénarios que nous envisageons les changements et ruptures possibles, globales tout d'abord, puis de plus en plus proches du sujet considéré, l'activité de l'entreprise.

Voici l'outil permettant de visualiser la position de différents paramètres environnementaux, sociaux et économiques qui définiront le cadre général de différents scénarios de prospective.

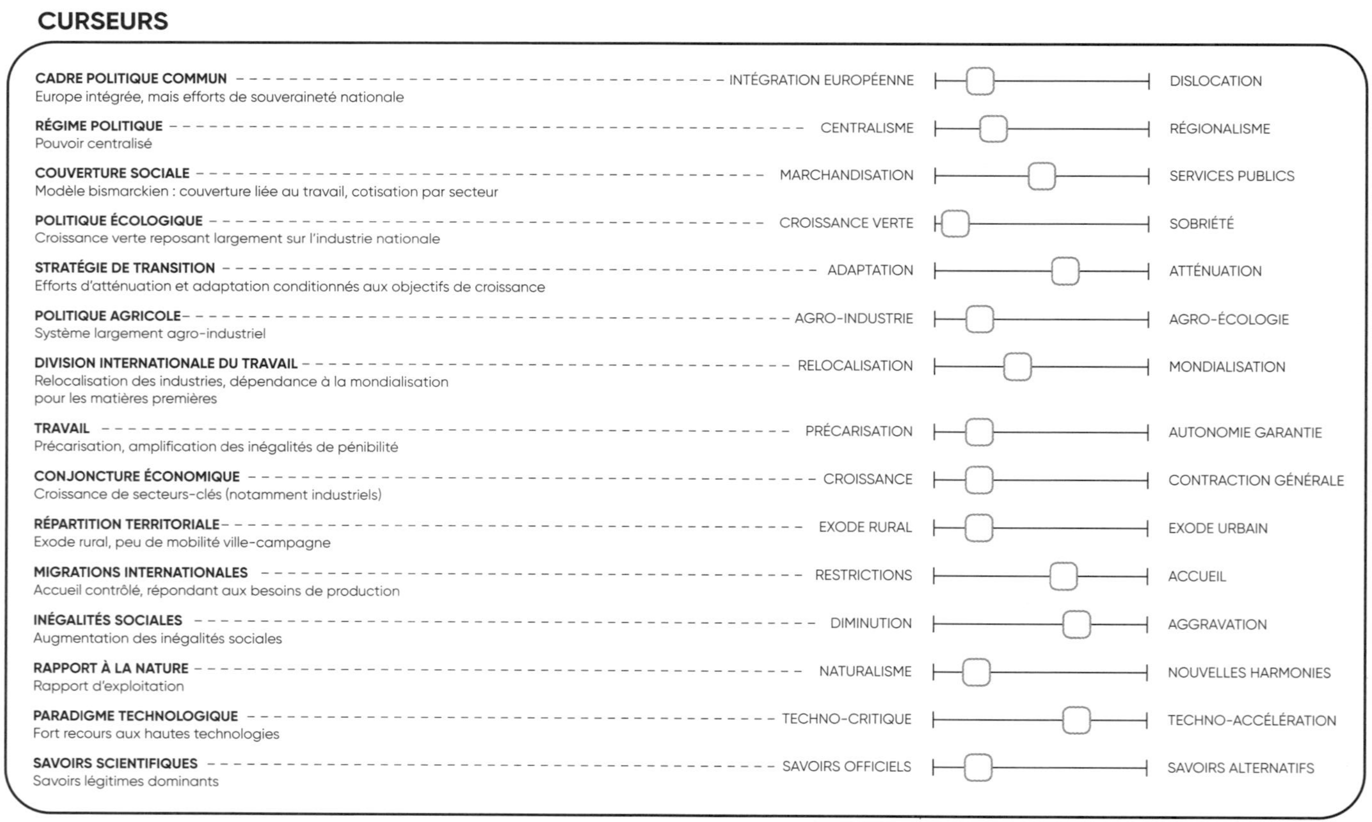

***Figure 2.8** – Exemple d'un système de curseurs pour polariser un scénario prospectif*

Source : sinonvirgule.

Ces scénarios doivent être multiples, au moins au nombre de trois, et respecter les caractéristiques suivantes :

- (1) **Polarisés** : il est nécessaire de fixer plusieurs postulats de départs très différents qui généreront des scénarios divergents, pour s'assurer de se préparer à plusieurs futurs possibles et augmenter ses chances d'intégrer une forme de « vérité médiane ».
- (2) **Systémiques** : lors de l'élaboration des scénarios, il faut prendre en compte les interrelations, les interdépendances et donc, les réactions systémiques qui découleront des hypothèses choisies. On se base pour cela sur notre diagnostic des interrelations impacts-risques et notre grille d'analyse GREPS.
- (3) **Scénarisés** : en travaillant ces scénarios sous forme de récit, vous aurez plus de chance de poser des hypothèses intéressantes sur les interrelations et les postures des parties prenantes.

Une fois le cadre général des scénarios dressé, la projection en leur sein nécessite la description plus détaillée et plus technique des conditions de l'activité de l'entreprise.

Projeter l'activité considérée

Dans ce futur imaginé avec plusieurs scénarios, en s'inspirant du modèle GREPS, il est indispensable de décrire au moins les conditions suivantes en répondant à des questions clés.

- Accès à l'énergie : quelles sources d'énergies primaires prédominent ? Quel est le niveau de disponibilité de ces énergies à l'échelle mondiale et à l'échelle régionale ?
- Accès aux matières premières : quelles matières premières essentielles à l'activité de l'entreprise ne sont plus abondantes ? Ont-elles été substituées par d'autres matières premières ?
- Conditions géopolitiques : quelle est la situation géopolitique dans les régions du monde dont dépendent aujourd'hui l'activité de l'entreprise le long de sa chaîne de valeur ?
- Conditions réglementaires : quelles contraintes réglementaires européennes et nationales ont été instaurées concernant les enjeux environnementaux et qui affectent l'activité de l'entreprise ?

- Évolutions sociales : quelles évolutions sociales majeures ont modifié les comportements de consommation ?

Il est aussi possible de s'inscrire dans un travail plus analytique, en projetant dans chaque scénario les modes économiques et les modes de vie propres à l'organisation.

Modes économiques : projeter un jeu d'acteurs dans les scénarios

Ici, il s'agit de penser l'économie comme un réseau d'acteurs et de règles. Pour étudier ce jeu, nous avons regroupé ces acteurs en unités institutionnelles, délimitées en fonction de leurs fonctions économiques et ainsi étudié, de façon systématique :

- **Les entreprises de biens et services (ou sociétés non-financières),** qui produisent et fournissent des biens et services dont nous surveillerons les mouvements suivants :
  - la concurrence indirecte, sur un accès aux ressources qui peut parfois s'opérer avec d'autres secteurs ;
  - la concurrence directe, les différents modèles d'affaires qui ensemble structurent l'offre ;
- **Les sociétés financières** (banques, fonds d'investissement, assurances, etc.) et l'actionnariat, qui assurent un accès aux capitaux aux autres unités institutionnels. Ici, nous surveillerons donc :
  - la disponibilité des capitaux en fonction de la santé économique globale ;
  - l'attractivité des capitaux d'un secteur ou d'un marché.
- **Les administrations publiques**, qui produisent et redistribuent, plus ou moins équitablement et selon des idéologies politiques parfois bien différentes, des biens et services non marchands financés par les impôts qu'elles prélèvent. Ici nous regarderons :
  - les changements de politiques d'imposition sectorielle (taxonomie verte) ;
  - les changements de subventions sectorielles (subvention coton) ;
  - l'introduction de nouvelles formes de subventions à la consommation (financement réparation) ;
  - les offres publiques concurrentes.
- **Les institutions sans but lucratif au service des ménages** (ISBLSM), qui offrent des biens et services non marchands qu'elles financent par contributions volontaires. Ces dernières nous permettront de rendre compte du développement d'offres non-marchandes concurrentes

- **Les institutions internationales** et les accords de libre-échange qu'elles négocient, parmi lesquelles les trois principales sont l'OMC, le FMI et la BM. Ensemble, elles dictent les politiques monétaires pour rendre possible un marché mondial sur lequel les fluctuations des taux de change sont limitées pour assurer une comparabilité des coûts et des prix. Ici, nous serons attentifs à un éventuel changement majeur de politiques monétaires induisant une restructuration des bassins de consommation, ou marchés, et une nouvelle répartition mondiale de la production.

Modes de vie : comprendre les comportements des consommateurs de l'organisation (cas d'une organisation en B2C)

Ici, il s'agit donc de comprendre l'impact des scénarios sur la façon dont les citoyens des différents pays concernés vivent, dans leur quotidien. Ainsi, et pour cette prospective, il est pertinent d'analyser :

- **L'habitat et le logement** : dans quels territoires habitons-nous et pour quelles raisons ? Quelles sont les zones d'attractivité ou au contraire celles qui sont délaissées ? Dans quels types d'habitat vivons-nous (léger, ultra-technologique, verticalisation...) ? et quels usages avons-nous du logement (mutualisation, communication, propriété privée exacerbée...) ?
- **La mobilité :** quels sont les flux de personnes, qu'ils soient internationaux, nationaux ou au niveau local ? Comment sont-ils encadrés et par quoi sont-ils motivés (raisons professionnelles, migrations climatiques, tourisme...) ? Quelles sont les mobilités du quotidien et quels moyens de transport empruntent-elles ?
- **Le travail :** quelle est sa nature (agricole, industriel, intellectuel) et comment est-il réparti au sein de la population ? Comment est-il rémunéré et quelles sont les modalités et exigences pour y accéder ? Quelle place prend-il dans nos vies et comment est-il valorisé socialement ? Quelle est son articulation avec les autres sphères de la vie (privée, associative...) ?
- **Alimentation :** quelles sont les modalités de production alimentaire ? Qui produit la nourriture et comment le modèle agricole est-il réorganisé ? Quelles sont les nouvelles habitudes alimentaires (nouveaux régimes, nouveaux rituels, nouvelles façons de consommer) et quel est leur impact sur la santé ?

- **Santé et environnement :** comment les déterminants de santé évoluent-ils et avec quels impacts sur la santé humaine ? Assiste-t-on à une progression ou à une dégradation de la santé et quels en sont les signes les plus visibles ? En réaction, comment le système de santé évolue-t-il (privatisation, intégration de nouveaux savoirs, technologisation...) ?
- **Inégalités sociales** : comment les richesses et les différents capitaux (culturels, économiques, politiques) sont-ils répartis ? Les inégalités de revenus ont-elles tendance à diminuer ou au contraire à se creuser ? Assiste-t-on à une forme d'universalisation des vulnérabilités ou au contraire à une aggravation des fragilités existantes ? Comment les rapports de force évoluent-ils ?

La projection de ces éléments crée le cadre adéquat pour comprendre les trajectoires possibles de l'activité et du sujet considéré. Plusieurs questions doivent alors être posées :

- Au regard de l'évolution des déterminants du secteur décrite par le scénario, comment ce dernier est-il amené à évoluer ?
- Quels jeux concurrentiels et institutionnels peuvent se développer au sein de ce scénario ? Quels sont les acteurs « compatibles » avec la trajectoire décrite dans ce scénario et au contraire ceux qui devraient le plus en souffrir ?
- Au regard des actifs de notre organisation, de sa position concurrentielle, de sa mission et de ses atouts, quel rôle notre organisation peut-elle jouer ?
- Quels sont les produits, pratiques, métiers, géographies, services existants rendus caduques par l'analyse car ils se révèlent profondément incompatibles avec les trajectoires décrites ?

Rétroplanning

Cette dernière question sur la compatibilité/incompatibilité de certaines activités de l'entreprise nous amène à la dernière étape de la prospective. Une fois les différents futurs décrits, il est pertinent de produire une sorte de retroplanning en décrivant les conditions intermédiaires, typiquement en 2030 et 2040, qui ont mené aux différentes conditions de l'activité de l'entreprise en 2050. En partant des descriptions pour 2050, il faut donc décrire les incréments qui ont permis d'en arriver là, en étant capable de justifier au moins partiellement ces évolutions, surtout si elles sont abruptes. Ce travail de prospective spécifique à l'entreprise permet d'imaginer différentes évolutions de l'activité et donc les adaptations ou transformations nécessaires pour perdurer dans un environnement toujours plus volatil.

À partir de cette analyse des risques présents et à venir, l'entreprise peut caractériser sa position vis-à-vis des risques économiques, sociaux et environnementaux aux échelles locales, régionales, et globales et ainsi se réencastrer dans la réalité d'un monde aux incertitudes grandissantes. Ce travail indispensable permettra de guider le choix de la redirection écologique que l'entreprise souhaitera suivre avec un ensemble d'informations qui ancreront ses décisions dans le réel.

CONCLUSION DE LA PHASE 2A

En somme, ce premier diagnostic permet d'évaluer la **nécessité** pour l'organisation de se rediriger. Cette nécessité s'exprime de deux façons différentes : tandis que l'enquête sur les impacts peut permettre de faire émerger une forme de **responsabilité** du fait d'impacts importants sur les écosystèmes, celle sur les risques doit montrer **l'intérêt** immédiat de l'organisation à agir. Ensemble, ces deux considérations doivent permettre de créer un argumentaire performant pour convaincre les dirigeants et les équipes d'agir.

Parce que cette phase d'enquête mobilise potentiellement des notions nouvelles, comme les limites planétaires, et interroge l'ensemble des métiers et de la chaîne de valeur de l'organisation, elle est nécessaire et complexe. Il est ainsi important d'y accorder des moyens et du temps, en créant par exemple un collectif d'enquêteurs pouvant réunir des compétences internes et externes. À la fin de cette phase, c'est également ce collectif qui devra trouver les bons arguments, mais aussi cibler les entités (métiers, procédés, produits...) qui méritent le plus d'attention – soit parce qu'elles dégradent trop l'habitabilité de la planète, soit parce qu'elles mettent trop à risque l'organisation.

Et comme la sensibilisation doit permettre de jeter le trouble, cette deuxième étape de l'enquête doit révéler le champ des vulnérabilités de l'organisation. Ce faisant, elle doit permettre d'évacuer la question du « pourquoi se rediriger » pour ensuite se consacrer à celle du « comment pourrait-on faire ». Un second diagnostic est alors nécessaire pour identifier les marges de manœuvre dont dispose l'organisation.

L'ESSENTIEL

- **De nombreux outils sont disponibles pour étudier les impacts de l'activité de l'entreprise et sortir d'une vision carbone aujourd'hui nécessaire.**
- **Plus une entreprise affecte certains équilibres naturels, plus elle est susceptible d'en dépendre et donc de souffrir des effets de leur dégradation.**
- **L'analyse des risques doit être menée avec la grille de lecture GREPS pour avoir une réelle vision systémique et réussir à identifier l'ensemble des vulnérabilités de l'organisation.**
- **La discipline prospective est un outil pertinent pour juger de la résilience long terme de l'organisation c'est-à-dire de sa compatibilité avec les trajectoires socio-écologiques en cours.**

Enquêter : le diagnostic de capacité

Executive summary

- Pour accompagner le diagnostic de nécessité, il est indispensable de réaliser un diagnostic complémentaire pour évaluer les marges de manœuvre dont dispose l'organisation pour se rediriger ou rediriger une de ses entités.

- Dans ce diagnostic, il sera tout d'abord nécessaire d'évaluer les relations qui attachent différentes parties prenantes à l'organisation ou à l'entité qui pourrait être redirigée. Cette étude devra se doubler d'une analyse des capacités humaines, financières, et infrastructurelles de l'organisation à se lancer dans ce type de bifurcation.

- En fonction des réponses obtenues, et dans une phase ultérieure d'arbitrage, l'entreprise pourra se diriger vers différentes options de redirection, de la plus légère (en cas de forts attachements et d'une faible capacité à se transformer) à la plus ambitieuse (dans le cas inverse).

Suite à l'analyse des impacts et des risques concernant les différentes échelles de l'entreprise, il est alors pertinent de restreindre le périmètre de l'enquête. En fonction des résultats, **il est en effet possible de classifier l'activité de l'entreprise, son ou ses modèles d'affaires, ses produits, et méthodes de production selon les deux axes de soutenabilité étudiés : risques et impacts.** Quand cela est possible, il peut être utile à ce stade d'associer aussi le poids économique, c'est-à-dire le chiffre d'affaires des entités considérées. Un produit peu vendu requiert par exemple moins d'attention qu'un produit vendu en grande quantité excepté si les impacts environnementaux de chaque unité produite sont extrêmement élevés.

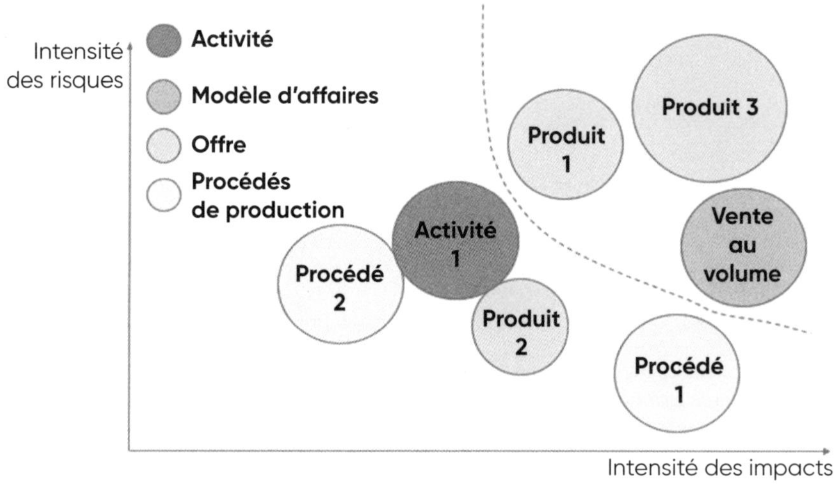

La taille des cercles de produits représente le volume d'affaires associé.

***Figure 3.1** – Classification des activités, modèles d'affaires, offre et procédés selon les critères de risques et d'impact*

Source : Les auteurs de l'ouvrage.

Il est complexe de définir ici un seuil exact de manière généraliste pour définir ce périmètre ; et l'évaluation sera bien entendu relative, de façon à pouvoir comparer les entités les unes par rapport aux autres. Les éléments combinant les plus forts risques et impacts devront être considérés comme prioritaires dans la suite du processus car ce sont eux qui feront l'objet d'une opération de redirection. **Ce sont alors ces éléments qui feront l'objet du diagnostic complémentaire décrit dans cette phase,**

qui aura pour vocation d'évaluer les marges de manœuvre dont dispose l'organisation pour se rediriger (autrement dit, sa capacité, à s'orienter vers des actions plus ou moins ambitieuses).

Comme le précédent, ce diagnostic sera organisé en deux parties. Dans un premier temps, il s'agira de comprendre les **attachements** qui peuvent lier un produit, un service, un savoir-faire ou un procédé à ses différentes parties prenantes. Nous parlerons ici surtout d'attachements d'ordre sociaux, affectifs, ou symboliques. Cette partie s'attachera donc à comprendre quelle est l'utilité perçue de l'entité qui pourrait être redirigée, une notion forcément subjective, ce qui peut rendre délicate cette enquête. Dans un second temps, l'analyse se concentrera **sur les actifs** de l'organisation, qu'ils soient d'ordre humains, économiques ou infrastructurels, et qui pourront renseigner sur les marges de manœuvre dont elle dispose pour engager sa redirection écologique.

Réunis, ces deux éléments permettront aux décideurs de choisir la voie adéquate pour transformer leur organisation, un choix que nous détaillerons dans la phase suivante.

DIAGNOSTIC DES ATTACHEMENTS

En complément du diagnostic de soutenabilité qui analyse les relations entre une organisation et son milieu écologique, il est nécessaire d'**explorer les relations que les personnes** (au sens large : citoyens, clients, salariés...) **entretiennent avec l'activité de l'entreprise** et l'entité considérée. C'est ici une phase indispensable pour que le processus de redirection, qui passe potentiellement par le renoncement à certains produits ou activités, ne soit pas vécu comme quelque chose de violent. Au contraire, ce processus doit être anticipé et démocratique, ce qui implique de prendre en compte ce que Emmanuel Bonnet, Diego Landivar et Alexandre Monnin mettent en exergue dans *Héritage et Fermeture, Une Écologie du Démantèlement*, à savoir les **attachements** des personnes concernées par le fait de devoir renoncer à des infrastructures, des activités ou encore, des modes de vie.

Les attachements peuvent être définis comme « ce à quoi l'on tient et ce qui nous tient » (Alexandre Monnin, *Politiser le renoncement*, 2023) et ne deviennent apparents généralement que lorsque l'objet de l'attachement risque d'être perdu. Ils peuvent être conscients ou inconscients ; affectifs, symboliques, émotionnels... Pour Antoine Hennion qui raisonne alors à une échelle plus large que celle de l'entreprise, il peut s'agir de : « ... la nostalgie du pays, des sensibilités politiques ou sa famille, une façon de se mettre au travail ou de prendre le petit-déjeuner et une passion dévorante pour l'opéra ou les séries américaines, la partie de foot le dimanche avec de vieux copains ou la planète à sauver, sa conscience professionnelle, l'amour de son métier ou l'obsession de sa carrière, la tenue de sa maison ou la patrie en danger[1]... »

Ainsi, et pour revenir à une échelle plus micro, un automobiliste peut être attaché au bruit du moteur de sa voiture thermique quand d'autres seront plus sensibles à la mobilité que son véhicule lui offre et que des non usagers pourront au contraire souhaiter le silence généré par de nouvelles normes ou une transition vers les modèles électriques. À travers ce simple exemple, on comprend que **les attachements sont de natures diverses et sont parfois contradictoires ; et il s'agit alors de considérer en priorité les plus intenses mais aussi les plus partagés**. La redirection écologique appelle de fait à respecter les sentiments que la transformation génère et à les considérer pour accompagner l'évolution des salariés autant que celle de l'entreprise dans son ensemble.

En somme, cette partie de l'enquête peut permettre de **discerner l'utilité sociale**, au sens large, du produit ou du service fabriqué et proposé à la vente, au-delà de ses seules fonctionnalités. Ce diagnostic des attachements est clairement une des caractéristiques originales de la redirection écologique des entreprises qui nécessite le temps de la rencontre avec de nombreux acteurs de l'activité de l'entreprise.

1. « Vous avez dit attachements ?... », Antoine Hennion in *Débordements. Mélanges offerts à Michel Callon*, édité par Madeline Akrich *et al.*, Presses de l'École des Mines, 2011.

Exemple : *Les piscines municipales de Grenoble*

Certes, il ne s'agit pas d'un cas d'entreprise, mais les enjeux sont du même ordre pour une collectivité, Grenoble, qui au fond, réfléchit à la pertinence de son offre aquatique à destination de ses citoyens. Ainsi, un groupe de chercheurs (composé de Bastien Marchand, Jérôme Santarini, Margot Boitel et Joseph Sournac, dans le cadre du MSc Stratégie et Design pour l'Anthropocène) a étudié pour la ville les attachements de la population aux piscines municipales, dans le cadre d'une réflexion sur la rénovation ou la fermeture de certaines d'entre elles. Au cours de l'enquête, la population a exprimé un réel attachement, non pas pour les piscines en tant que tel mais plutôt pour les fonctions qu'elle peut offrir : l'apprentissage de la nage, la pratique d'exercices sans choc pour les personnes âgées (aquagym), l'activité de loisir pour des personnes qui ne quittent pas la ville pour les vacances, la fraîcheur en été, ou encore la socialisation et la mixité sociale. Identifier ces finalités, ces motivations pour la consommation, peut permettre de mieux accompagner le renoncement mais également de tenter de répondre autrement à cette finalité dans la phase de redirection écologique (voir phase 4).

Diagnostic des attachements des clients

Ce diagnostic d'attachements peut commencer par ceux des clients de l'entreprise, c'est-à-dire consommateurs du produit ou de l'offre concernée. Qu'il s'agisse de clients B2C ou B2B, la logique est alors la même : constituer une forme de panel de clients représentatifs et correspondants aux cibles prioritaires de l'entreprise pour ensuite s'entretenir avec eux et comprendre la relation qu'ils entretiennent avec l'offre. Ce diagnostic est très similaire à une étude de marché pour un produit spécifique même si l'accent sera beaucoup plus fortement mis sur les aspects psychologiques de la relation client-produit. Pour ce dialogue, si une approche quantitative peut être tentante au regard du nombre de clients qu'elle permet de toucher, nous suggérons plutôt ici de préférer des méthodes qualitatives (*focus-group*, entretien semi-directif) pour dépasser le déclaratif et être en capacité de repérer leurs motivations cachées et leurs attachements profonds.

Passée une première phase de découverte permettant de bien cerner les caractéristiques du client donné (origine géographique, genre, commune, âge pour une cible B2C ; secteur d'activité, chiffre d'affaires, nombre de salariés pour une cible B2B), les questions doivent alors se concentrer sur les raisons profondes de l'achat et donc, en creux, ce qui manquerait aux consommateurs si cette offre leur était retirée. Ce faisant, ces entretiens pourront dépasser la seule fonction de l'enquête de redirection écologique et donner quelques idées aux équipes produit pour adapter les fonctionnalités de l'offre ou aux équipes marketing pour mieux les présenter. Ici, nous nous concentrerons donc sur les finalités associées auxquelles les clients sont attachés. Les produits ou services consommés par ces derniers ne sont que l'expression d'un besoin à satisfaire, identifié plus ou moins consciemment.

Un entretien qui va tenter de discerner les attachements nécessite un partage très personnel de la part de la personne interviewée. De la patience et du tact sont nécessaires dans l'échange pour créer un climat de confiance qui permettra d'en apprendre plus sur le quotidien et les sentiments du client vis-à-vis de l'offre.

Exemple : *Questionnaire pour un client BtoC*

- Quelles offres de notre entreprise achetez-vous ?
- Depuis quand achetez-vous cette offre ?
- À quelle fréquence achetez-vous cette offre ?
- Qu'est-ce qui vous a motivé à acheter notre offre la première fois ?
- Qu'est-ce qui vous motive à acheter notre offre aujourd'hui ?
- Connaissez-vous d'autres offres similaires à la nôtre ?
- Si oui, pourquoi choisissez-vous notre offre plutôt que les concurrentes ?
- Dans quelles circonstances utilisez-vous notre offre ? À quelle fréquence ?
- Quelles fonctions de votre vie notre offre satisfait-elle ? Quel est le but d'utiliser notre offre ?
- Pouvez-vous me décrire comment vous utilisez notre offre ?
- Quelle(s) fonctionnalité(s) de notre offre utilisez-vous le plus ?
- Est ce qu'il y a d'autres fonctionnalités que vous utilisez moins mais que vous appréciez particulièrement ?
- Si vous ne deviez garder qu'une ou deux fonctionnalités de notre offre, que choisiriez-vous ?
- Si notre offre n'était plus disponible, à quel point cela serait-il disruptif dans vos habitudes ?
- Pourriez-vous vous passer de notre offre sans la remplacer ?

Ce questionnaire pourrait être accompagné de quelques questions de qualification pour comprendre d'où par l'enquêté :

- Quel est votre âge ?

- Quel est votre genre ?
- Combien d'habitants vivent dans votre commune ?
- Est-ce que vous avez un diplôme ? Si oui, quel est le diplôme le plus élevé que vous avez obtenu ? (Cette question permet de cerner le niveau socio-économique de la personne sans lui demander ses revenus annuels).
- ...

Après plusieurs entretiens, des réponses communes pourront émerger et permettre de produire une cartographie des attachements pour identifier leur poids relatif dans l'ensemble et pour chaque personne. La réalité de la valeur d'usage de l'offre de l'entreprise peut alors apparaître sous un tout nouveau jour, ouvrant des possibilités de réflexion concrète pour la redirection écologique de l'entreprise.

Diagnostic des attachements des salariés

De la même manière que pour les clients, une enquête en interne auprès des salariés peut être nécessaire pour dévoiler leurs attachements non seulement à l'entreprise en général mais également à son fonctionnement, ses capacités, son offre et les autres salariés. Cette phase est souvent sous-estimée et pourtant, parfois les attachements peuvent être intenses. Par exemple, si une usine cesse de produire un certain produit après de nombreuses années pour en lancer un autre, se contenter de dire que c'est une évolution naturelle du marché passerait à côté d'un aspect essentiel. Cela négligerait la relation de savoir-faire que les salariés ont développée avec la fabrication de ce produit, ainsi que la fierté qu'ils en retiraient. L'arrêt de sa production pourrait ainsi altérer leur lien avec l'entreprise.

Il s'agit donc de dupliquer l'enquête client auprès des salariés, en recourant à des outils similaires. Avec un questionnaire en ligne, il sera possible de récolter des premières informations de valeur, d'autant plus si elles sont fournies anonymement. Cependant, comme pour les clients, des entretiens individuels auront encore plus de valeur pour cerner la finalité des motivations à travailler dans l'entreprise. Cette enquête peut également être menée à tous les niveaux de la direction de l'entreprise. Après une phase d'introduction avec quelques questions générales, il est très efficace d'alterner entre des questions généralistes et des questions plus spécifiques sur le sujet d'intérêt. Cette alternance évite de transformer cet échange en interrogatoire car certaines questions amènent la personne à dévoiler ses sentiments personnels, ce qui n'est pas chose aisée pour la majorité des gens.

Exemple : *Questionnaire pour des salariés*

- Depuis combien de temps travaillez-vous dans l'entreprise ?
- Dans quelles circonstances avez-vous rejoint l'entreprise ?
- Quels produits ou services de l'entreprise ont votre préférence ?
- Pourquoi appréciez-vous particulièrement ces produits ?
- Si la fabrication de l'un de ces produits s'arrêtait, qu'est-ce qui vous manquerait le plus ?
- Quels sont les trois savoir-faire principaux que vous exercez au sein de l'entreprise ?
- Quels sont les trois savoir-faire principaux que vous souhaiteriez exercer au sein de l'entreprise ?
- Quelles sont les capacités techniques principales de l'entreprise (le rôle des machines seules ou combinées au savoir-faire) ?
- Quelles sont, d'après vous, les valeurs clés de l'entreprise ?
- Quelle est votre plus grande fierté dans le fait de travailler au sein de votre entreprise ?
- Si vous étiez amené à quitter l'entreprise, qu'est-ce qui vous manquerait le plus ?
- ...

Au-delà de l'identification des attachements, ces entretiens pourront être également extrêmement utiles pour collecter des informations sur les savoir-faire clés de l'organisation, et sur un certain nombre d'actifs immatériels. Ces éléments compteront beaucoup pour choisir quel type de redirection engager. Il sera alors possible de regrouper les informations collectées par les questionnaires et entretiens au sein de quatre grandes catégories :

- les valeurs de l'entreprise ;
- les savoir-faire technologiques ;
- les savoir-faire humains ;
- les attachements des salariés vis-à-vis des produits et de l'entreprise.

Lors de la phase de redirection écologique, si la stratégie choisie inclut des renoncements à certaines activités, il faudra alors être particulièrement vigilant aux attachements des salariés que ce soit aux produits, aux autres salariés ou aux valeurs de l'entreprise. Ne pas les prendre en considération peut clairement générer une plus grande résistance au changement enclenché par l'entreprise.

Diagnostics des autres parties prenantes

En complément des clients et des salariés, il est nécessaire d'étendre l'enquête au-delà de ce premier cercle pour réellement prendre en compte toutes les parties prenantes. Arrêtons-nous sur deux profils : les fournisseurs et les acteurs du territoire.

Les fournisseurs

En effet, les fournisseurs d'une organisation peuvent eux aussi être largement affectés par un processus de redirection. Dès lors, il s'agit d'évaluer la relation de dépendance qui peut unir chaque fournisseur à l'organisation, en fonction de la part de chiffre d'affaires que l'entreprise constitue pour lui et du type de partenariat que vous entretenez :

- Le niveau purement transactionnel suggère que les seules relations entre l'entreprise et le fournisseur sont des envois de bons de commandes qui amènent à des livraisons. Cela peut aller jusqu'à la mise en place d'un contrat long terme. Des échanges supplémentaires entre les deux parties ont lieu uniquement en cas de problème concernant le livrable.
- Au niveau de l'alliance stratégique, des échanges entre l'entreprise et le fournisseur concernant les émissions de gaz à effet de serre, les déchets ou la mutualisation d'équipements ouvrent la possibilité d'engager des démarches communes.
- La coopération implique une relation forte avec des projets de co-construction communs allant même jusqu'à une recherche de financement conjointe. Cela peut inclure le co-design de produits ou de la R&D partagée.

Plusieurs questions peuvent nourrir cette réflexion :

- Quelle est l'échéance des contrats passés avec ce fournisseur ?
- Peut-il être un partenaire pour rendre l'organisation plus soutenable (côté impacts ou côté risques) ?
- Est-il possible d'engager avec lui des démarches communes ou de mutualiser certains équipements ?
- Est-il possible de renforcer ce partenariat via des projets de co-design ou de R&D partagée ?
- Quelles sont les relations de dépendance qui unissent l'organisation à ce fournisseur (dans un sens comme dans l'autre) ?
- Quelles sont les alternatives à ce fournisseur ?

En combinant toutes ces informations, il en résulte ainsi une cartographie des fournisseurs en fonction du niveau d'attachement réciproque avec l'entreprise.

Le territoire

Dans la méthodologie développée, nous considérons le territoire comme la zone géographique dans laquelle les différents éléments de la chaîne de valeur de l'entreprise sont implantés. L'étendue du territoire à considérer dépend des interactions avec les différents acteurs présents sur ce territoire. Par exemple, si une entreprise rejette des effluents traités dans une rivière proche, même avec toutes les autorisations requises et un impact négligeable, elle est nécessairement liée aux populations humaines et non-humaines qui vivent en aval du lieu du rejet, aussi éloignées soient elles.

Ainsi, et dans sa relation au territoire, chaque organisation devra considérer des acteurs très divers :

- les habitants et associations d'habitants ;
- les élus ;
- les organisations économiques telles que la Chambre de commerce et d'industrie (CCI) ou l'agence de développement économique ;
- les collectivités locales ;
- les associations de protection de l'environnement ;

- les autres entreprises ;
- mais aussi les acteurs non-humains : animaux, végétaux, milieux naturels…

Pour chacune des parties prenantes, il s'agit alors d'étudier les relations sous différents angles :

- la distribution géographique par rapport au site de l'entreprise ;
- les relations de dépendances ;
- les attachements dans les deux sens : de l'entreprise vers les parties prenantes et des parties prenantes vers l'entreprise.

En exemple d'attachement, on peut penser à une entreprise installée depuis des décennies sur le territoire et qui en fait la fierté. Et dans l'autre sens, l'entreprise peut être attachée au territoire parce que de nombreux salariés auraient grandi sur ce territoire proche de l'entreprise.

DIAGNOSTIC DES HÉRITAGES

Après avoir étudié l'utilité sociale de son offre et de son activité, il est indispensable de comprendre de quelles marges de manœuvre elle dispose pour éventuellement entamer une redirection écologique de certaines entités/produits/procédés… Pour cela, il est désormais nécessaire de se pencher vers ce que le langage économique orthodoxe qualifie souvent de ressources ou d'actifs. Ici, nous adopterons un langage un peu différent, en empruntant une fois de plus le vocabulaire suggéré par Monnin, Landivar et Bonnet, qui parlent quant à eux d'héritage. Pourquoi ? D'une part parce que dans le cadre d'un processus de redirection, ces actifs seront potentiellement abandonnés, modifiés, ou utilisés différemment. D'autre part, parce que ces données sont bien ce dont nous héritons pour conduire cette opération de redirection : dans le sens où nous devrons bien composer avec cette réalité qui n'est pas négociable. En fonction du processus visé et de la nature de ces actifs, ces héritages pourront tantôt être des freins, tantôt des sources d'opportunités. Ils ne peuvent en tout cas pas être effacés et doivent donc être considérés.

Les héritages de l'organisation

Trois grandes catégories d'héritages devraient être étudiées : les héritages humains, les héritages infrastructurels et les héritages financiers. Le tableau ci-dessous présente quelques-unes des questions auxquelles répondre pour documenter les héritages de l'entreprise.

	HÉRITAGES HUMAINS	HÉRITAGES INFRASTRUCTURELS	HÉRITAGES FINANCIERS
Enquête	Mes collaborateurs possèdent-ils des compétences spécifiques ou générales ? Ont-ils des savoir-faire récents ou datés ? Quelle est la moyenne d'âge de mes collaborateurs ? leur ancienneté ?	Mon appareil productif est-il hyper spécialisé ou générique ? Est-il dispersé ou concentré ? Est-il flambant neuf, en déclin, bien ou mal entretenu ? Quelle est sa valeur ?	Quelle est la part de CA de l'activité concernée ? Quel est son degré de profitabilité ? Quelle est ma structure capitalistique ? Avons-nous des réserves financières et/ou des possibilités d'emprunt ?
	Quel est le dynamisme de leur bassin d'habitat/du secteur d'activité ?	Peut-il être entretenu à moindre coût ou nécessite-t-il une maintenance massive ?	Quel est le potentiel économique de mes activités restantes (capacité d'absorption ?)

***Tableau 3.1** – Questions d'enquête sur les trois grandes catégories d'héritages de l'organisation*

Source : sinonvirgule.

Les héritages du secteur

À ce stade, il peut être nécessaire de prendre encore un pas de recul supplémentaire pour comprendre l'ancrage de l'entreprise et de son activité au sein de la société. Au-delà des héritages spécifiques à l'entreprise, il existe aussi tout un ensemble d'héritages socio-culturels associé au secteur dans lequel l'entreprise exerce son activité. Des normes et habitudes d'organisation et de consommation qui constituent ainsi un cadre de fonctionnement. Ce cadre définit aussi une partie de l'ensemble des marges de manœuvre de l'entreprise qui doivent être prises en compte dans sa transformation. Dans l'exemple présenté ci-dessous pour le secteur de l'agro-alimentaire, on peut identifier des héritages économiques (ex : subventions agricoles ou la consommation de nourriture à bas coût), des héritages sociaux (ex : la moindre pénibilité du travail agricole grâce à la mécanisation ou les habitudes alimentaires déconnectées des saisons) et des héritages infrastructurels (ex : la distance entre les zones de production et de consommation ou l'hyper spécialisation des cultures). Chacun de ces héritages affecte plus ou moins le fonctionnement de l'entreprise même s'ils ne sont pas des héritages spécifiques au monde économique.

Il est essentiel de considérer ces héritages sectoriels comme un cadre mais pas comme un carcan intangible. L'entreprise, dans son processus de redirection écologique, ne transformera pas à elle seule ces héritages mais elle participera à faire évoluer ces héritages en procédant différemment, en appliquant de nouvelles méthodes, de nouveaux produits et modèles d'affaires. Le mimétisme étant l'un des meilleurs leviers de transformation des habitudes et normes sociales, rediriger l'activité de son entreprise en fait alors un exemple sortant du lot qui attirera l'attention et fera des émules. Comme nous le verrons dans la phase 4, la redirection écologique impliquera potentiellement d'explorer des coopérations avec des concurrents pour que certaines transformations ou sujets de recherche et développement deviennent rentables à terme. Les évolutions dans le fonctionnement de l'entreprise n'abattront pas les héritages mais les feront bouger, évoluer, tout en « faisant avec ».

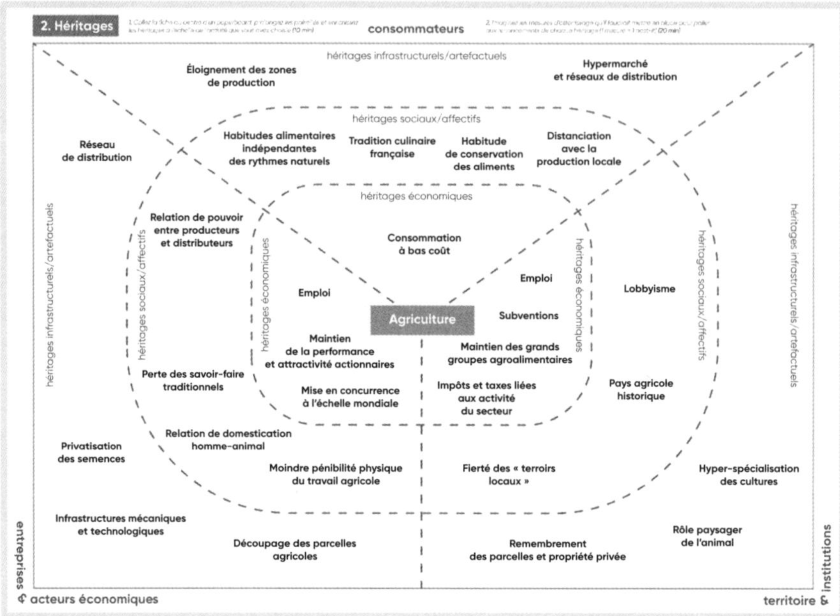

Figure 3.2 *– Cartographie des héritages d'un secteur d'activité (ici l'agro-alimentaire)*

Source : sinonvirgule.

Tisser des alliances pour augmenter sa capacité à agir

Ce détour par une analyse plus sectorielle doit également permettre d'engager une réflexion essentielle : une opération de redirection peut (doit ?) aussi être envisagée sous un angle plus collectif, en engageant d'autres parties prenantes du secteur et/ou du territoire. Dès lors, ce travail d'enquête sur les capacités à agir doit aussi permettre d'analyser le jeu d'acteurs dans lequel l'organisation s'insère, et ainsi d'identifier de potentiels partenaires. Pour cela, plusieurs cadres de réflexion peuvent être mobilisés.

Une première grille de lecture, appelée carte des attitudes, peut être produite avec deux axes pour positionner chaque partie prenante selon le niveau de synergie, c'est-à-dire le niveau d'interaction avec l'entreprise, et le niveau d'antagonisme, c'est-à-dire le niveau de résistance vis-à-vis du projet. Les parties prenantes peuvent alors être regroupées en quatre familles : alliés, opposants, hésitants, passifs.

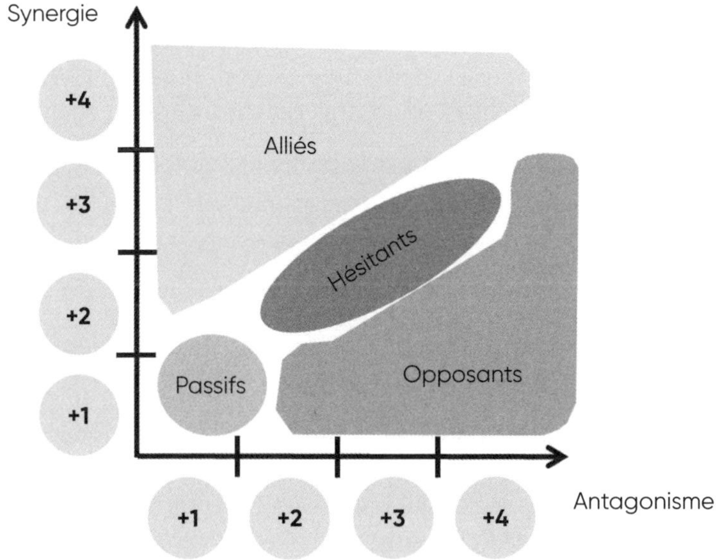

Figure 3.3 *– Cartographie des parties prenantes en fonction des synergies et antagonismes vis-à-vis d'un projet*

Source : Institut de la sociodynamique[2].

La stratégie consiste alors à identifier et connaître ses alliés afin de construire et faire fonctionner l'alliance avec eux, puis de mobiliser les hésitants et les passifs, pour finalement pouvoir gérer les relations potentiellement tendues avec les opposants. Cette grille de lecture est particulièrement pertinente dans le cadre d'un projet spécifique, dans notre cas ici, la redirection écologique de l'entreprise, parce que les postures des différentes parties prenantes peuvent varier en fonction du projet. L'interaction avec les opposants ne doit pas se résumer à un rejet de leur point de vue sans considération, au contraire. Il est indispensable d'entendre les raisons de l'opposition et y déceler les attachements qui sont exprimés. Il est tout à fait possible qu'une réflexion sur les finalités du projet de transformation, incluant des points de vue opposés, puissent apporter des réponses aux frustrations exprimées. Mais l'objectif d'embarquer 100 % de convaincus

2. https://www.institutdelasociodynamique.com --> publications --> strategie-des-allies

sur un projet de transformation profond n'est pas réaliste cependant. Il faut aussi accepter que la résistance puisse faire partie de la dynamique du projet.

Une autre grille de lecture qui peut être combinée avec la première est inspirée du **modèle de prédominance (Salience Model®)** proposé par Ronald K. Mitchelle, Bradley R. Agle et Donna J. Wood, qui permet d'affiner la posture des parties prenantes selon trois caractéristiques :

- le pouvoir : la capacité à influer le projet ;
- la légitimité : le niveau de légitimité à influencer le projet ;
- l'urgence : la capacité à réagir rapidement et la faible patience dans l'attente de réponses.

En fonction du nombre d'attributs que présentent les parties prenantes, elles peuvent être classées en trois catégories :

- Les parties prenantes potentielles qui ne présentent qu'un seul attribut. Exemple : les acteurs non-humains (animaux, végétaux, milieux naturels) qui ont la légitimité parce que concernés par des décisions de transformation de l'entreprise entre autres en termes d'occupation de l'espace.
- Les parties prenantes aux aguets qui présentent deux attributs. Exemple : les associations de protection de l'environnement. Elles ont la légitimité vis-à-vis du projet parce qu'elles tentent de parler au nom des habitants mais également des non-humains. Si bien organisée, ce type d'association peut avoir un réel pouvoir d'influence par une bonne maîtrise de la communication. Cependant, étant extérieures à l'organisation, elles restent des parties prenantes plus patientes que des acteurs internes.
- Les parties prenantes absolues qui présentent trois attributs. Exemple : les salariés de l'entreprise ont une réelle légitimité à s'impliquer dans le projet de redirection écologique et ont un pouvoir d'influence sur le projet parce qu'il ne peut se faire sans leur implication. Étant donné que le projet de redirection écologique les concerne directement, il peut constituer une source d'incertitudes et donc d'inquiétudes qui amènent les salariés à exiger beaucoup de transparence et donc d'urgence à recevoir des réponses à leurs questionnements.

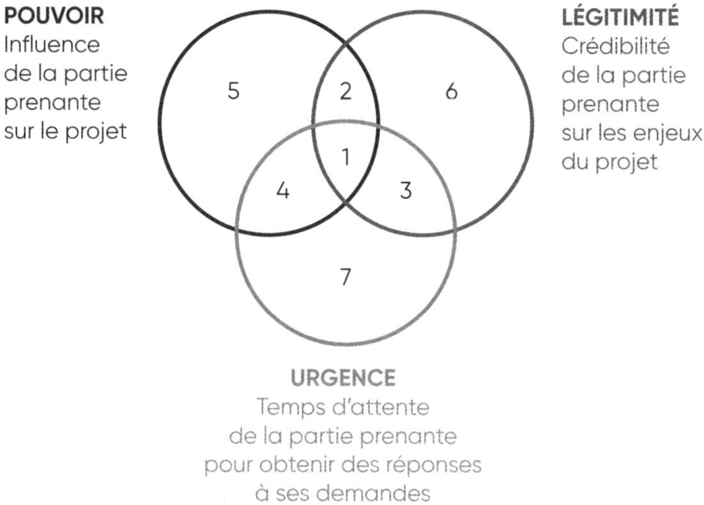

***Figure 3.4** – Le modèle de prédominance dans l'évaluation des relations aux parties prenantes*

Source : Salience Model® par Ronald K. Mitchelle, Bradley R. Agle et Donna J. Wood.

Les trois cercles définissent alors sept profils plus spécifiques de parties prenantes. Nous avons partiellement modifié les définitions des sept composantes du modèle Salience® car les termes originaux portaient une vision trop antagoniste vis-à-vis des parties prenantes alors que nous prônons une approche d'inclusion, mais sans naïveté. Ici, nous continuons à nous concentrer sur les parties prenantes extérieures à l'entreprise mais ces outils sont également tout à fait pertinents pour les différentes parties prenantes au sein de l'entreprise. Le schéma ci-dessus montrent alors que sept profils de parties prenantes peuvent émerger :

1. Les **définitifs**, parties prenantes cruciales pour le projet. Exemple : les associations d'habitants, voisins du site de l'entreprise. Ils ont un pouvoir direct de mobilisation locale, et un pouvoir indirect par le biais des élus locaux. Les habitants pouvant aussi être des salariés ou des proches des salariés, ils ont une réelle légitimité et une urgence à être rassurés sur les objectifs du projet de transformation.
2. Les **éminents**, parties prenantes avec le pouvoir et la légitimité mais plus de patience que les définitifs. Exemple : les élus à l'échelle régionale.

3. Les **dépendants**, parties prenantes avec la légitimité et de fortes attentes. Exemple : les associations de protection de l'environnement. Elles sont dépendantes d'outils tels que la justice ou la politique pour influer sur le projet et donc leur inclusion dans le projet de transformation permet de définir conjointement une forme de pouvoir plus direct.
4. Les **préjudiciables**, les parties prenantes qui ont du pouvoir et un besoin d'attention immédiat. Ils peuvent prendre des décisions rapidement qui peuvent affecter le projet. Exemple : les élus locaux.
5. Les **dormants**, les parties prenantes qui n'ont pas beaucoup d'interactions avec le projet mais qui ont le pouvoir de l'influer. Exemple : les journalistes de la presse locale.
6. Les **discrétionnaires**, les parties prenantes avec la légitimité et de la crédibilité mais sans pouvoir d'influence pour le projet. Exemple : des bénévoles qui aimeraient voir ce projet émerger.
7. Les **demandeurs**, les parties prenantes qui souhaitent une forte attention mais sans légitimité ou pouvoir. Ils peuvent être des opposants au projet pour le seul souhait de la contestation. En fonction de leur capacité à trouver du pouvoir, ils peuvent constituer des opposants difficiles à embarquer dans le projet, leur peu de légitimité ne motivant pas à les embarquer.

Les deux grilles de lecture présentées ne visent pas à organiser une lutte contre ces parties prenantes mais comme pour la phase de sensibilisation, de prendre en compte d'où elles parlent à l'instant T (alliés, indécis…) et comment elles influent sur le projet. L'objectif est d'obtenir une vision réaliste des positions des parties prenantes pour les considérer chacune avec la communication et la célérité la plus appropriée pour débloquer les nœuds éventuels.

CONCLUSION DE LA PHASE 2B

En somme, ce second diagnostic permet bien de jauger des marges de manœuvre dont dispose l'organisation pour se rediriger, à travers une série de questions relativement délicates et dont les réponses seront à coup sûr débattues : quelle est l'utilité de ce produit ou de ce service ? Nos consommateurs pourraient-ils faire sans ? Nos salariés y sont-ils attachés ? Mais également : avons-nous les moyens d'agir ? Quels sont les pivots sur lesquels nous pouvons nous reposer dans notre redirection ? Quelles sont nos compétences de base et différenciantes ? Etc.

Pour le collectif d'enquêteurs, un défi sera majeur lors de la présentation des résultats : présenter factuellement la situation dont l'organisation hérite, mais sans donner le sentiment d'un fardeau qui pourrait décourager toute forme d'action. Deux éléments seront alors importants. D'une part, rappeler des éléments pragmatiques issus du diagnostic de soutenabilité, et notamment les risques qu'il y a à ne pas agir. Et d'autre part, reconnaître la nécessité de s'allier à d'autres partenaires pour pouvoir mener une action ambitieuse.

Au-delà d'un simple audit, cette double enquête est bel et bien un premier engagement de l'organisation dans le processus de redirection, et permet de la placer dans un premier élan d'action.

CADRE THÉORIQUE

L'enquête, phase essentielle de la redirection écologique

Nous avons mis en exergue la nécessaire prise en compte des attachements que ce soit des clients vis-à-vis de l'offre de l'entreprise ou des salariés vis-à-vis de leur activité. La situation environnementale, sociale et économique, présentée dans l'introduction de cet ouvrage, vient déstabiliser l'activité de l'entreprise et crée un doute sur la pérennité de l'activité et donc aussi sur les attachements associés. Ceci crée alors une situation « douteuse » pour les humains impliqués.

C'est exactement une situation typique qui doit motiver l'enquête sur le sujet d'après les travaux de John Dewey (1859-1952), philosophe de l'école du pragmatisme.

L'enquête est alors un outil qui doit permettre de chercher un nouvel équilibre et de produire de nouvelles connaissances au cours du processus.

Le processus de l'enquête selon J. Dewey est décomposé en plusieurs étapes dont voici les deux premières qui résonnent le plus avec l'approche présentée ici.

- **« La situation indéterminée, le doute ».** Le constat d'une situation perturbée, indéterminée qui crée de l'incertitude et du doute. Dans notre cas, ce sont les multiples crises qui traversent le monde, notre pays et les entreprises qui créent un doute sur la viabilité de l'activité de l'entreprise et créent une incertitude pour les personnes qui ont constitué des attachements à cette activité. Ce doute peut aussi être décomposé en plus petites parties qui affectent plus spécifiquement chacune des composantes de l'activité de l'entreprise (offre, modèle d'affaire, processus...) et les différentes parties prenantes (salariés, fournisseurs...).
- **« L'institution du problème »** que l'on pourrait traduire par un travail de définition de la problématique. La décomposition du doute dans la situation générale appliquée au cas de l'entreprise soulève autant de problématiques qu'elle a de composantes. Nous avons identifié par exemple dans ce chapitre la question de la soutenabilité écologique de l'offre ou de la pérennité de la relation des clients avec l'offre.

De manière similaire, dans le champ disciplinaire du design, qui a fortement influencé le contenu de notre ouvrage, l'enquête, aussi appelée phase d'exploration ou d'écoute, est une phase de redéfinition d'un problème. On peut vouloir amorcer une redirection écologique de son entreprise à la suite d'un constat de non-soutenabilité de celle-ci, mais connaissons-nous vraiment ce qui sous-tend cette non-soutenabilité ? La phase d'enquête permet alors de réinterroger la situation de départ et les enjeux présupposés pour confirmer ou infirmer nos intuitions, et découvrir que le nœud du problème n'est pas toujours situé là où on le pensait.

Pour faire ce diagnostic, les designers s'aident de plusieurs outils, souvent empruntés aux disciplines des sciences sociales (anthropologie, marketing, sociologie) comme des entretiens, des *focus-groups*, des observations de terrain, des revues de littérature, des *benchmarks*, de la veille, des sondages...

Un autre marqueur fort de l'enquête en design est la matérialité de celle-ci. Le designer, par sa formation de concepteur, choisit les médiums de restitution de son enquête, qui peuvent être par exemple l'écrit, la vidéo, la photo, l'infographie, la schématisation... Ainsi, un rapport d'enquête n'est pas forcément un livrable écrit

mais peut prendre des formes plus sensibles, immersives et qualitatives, qui donnent à voir des interrelations que l'on n'aurait pas vues autrement.
En design, l'issue de cette phase d'enquête permet de cibler une ou plusieurs problématiques que l'on souhaite adresser et pour lesquelles le designer va proposer des solutions. Ainsi, cela permet, d'un point de vue économique, d'allouer moins de temps et d'argent en développant des solutions plus proches des enjeux identifiés, et socialement, de répondre au plus près aux besoins des usagers.

L'ESSENTIEL

- **Même s'il s'agit d'un sujet délicat car subjectif, cette phase d'enquête doit poser clairement la question de l'utilité sociale de l'organisation et de ses produits à travers la notion d'attachement.**
- **La capacité à agir de l'organisation doit *a minima* être évaluée à travers l'étude de trois catégories d'héritage : humains, financiers et infrastructurels.**
- **Ce diagnostic doit permettre de comprendre le jeu d'acteurs dans lequel l'organisation s'insère et d'identifier de potentiels partenaires pour faciliter la redirection pour engager tout ou partie du secteur.**

Arbitrer : choisir son chemin de redirection

Executive summary

- La phase d'arbitrage doit permettre une mise en perspective des apprentissages des diagnostics et de guider les dirigeants vers une prise de décision.
- Selon les résultats des diagnostics, plusieurs chemins sont possibles : celui de la transition écologique (une conversion écologique des moyens de production), celui de la désaffectation-réaffectation (un pivot de l'organisation autour de ses compétences clés), celui du renoncement-sobriété (réduction de la production) ou encore celui du renoncement-fermeture (l'abandon progressif et accompagné d'une entité jusqu'à sa fermeture).
- Si elle doit être le résultat logique des diagnostics réalisés, cette phase d'arbitrage s'accompagne nécessairement d'un réel courage et leadership pour les dirigeants, qui sont ici susceptibles d'engager des mouvements critiques pour leur organisation et d'être critiqués par les plus réticents.

La phase d'enquête, organisée autour d'un double diagnostic, a permis d'avoir une vue d'ensemble de l'activité de l'entreprise. Plus précisément, elle a permis de mettre en lumière et d'apprécier quatre dimensions différentes et complémentaires de l'organisation : ses impacts sur l'environnement, les risques qu'elle encourt à évoluer dans des écosystèmes naturels dégradés, les divers attachements qui la relient à différentes parties prenantes, et enfin, sa capacité financière, humaine et infrastructurelle à entamer un mouvement de redirection.

Si un premier arbitrage a déjà été effectué au cours de l'enquête, en concentrant le second diagnostic sur les entités les moins soutenables de l'organisation, cette phase doit permettre d'aller un cran plus loin et de **joindre ces quatre dimensions pour choisir le chemin de redirection le plus approprié pour l'entreprise**. En effet, et dans cette nouvelle phase, l'entreprise doit appliquer des arbitrages forts vis-à-vis de ses entités les moins soutenables, pour décider de leur avenir selon différentes possibilités : transition écologique, renoncement-sobriété, désaffection-réaffectation, et renoncement-fermeture.

Notons dès cette introduction que les imaginaires collectifs mettent souvent en scène ces arbitrages stratégiques lors de grands moments clés d'un CA, Codir ou Comex qui se réunirait et trancherait tour à tour des enjeux stratégiques globaux, sur la base d'une parfaite rationalité et d'une analyse *ad hoc* préliminaire. Si cela peut être vrai pour de grandes orientations stratégiques (test de tel marché ou un engagement sur telle technologie), il s'agit ici de bien démystifier ces arbitrages. **En réalité, la gouvernance d'une grande entreprise est un processus plus diffus, lent et fragmenté, qui demande un long travail de plaidoyer pour celles et ceux qui veulent provoquer une inflexion stratégique.** De la même façon, il est rare que les décisionnaires agissent sur la base d'une information exhaustive qui guiderait naturellement l'organisation dans une direction ou dans une autre, sans aucune nuance ni contradiction. Dès lors, c'est bien sur la base de certaines convictions et motivés par un certain courage que les dirigeants engagent leur organisation.

SYNTHÈSE ET PLAIDOYER

Au cours de la phase d'enquête, une quantité conséquente d'informations aura été collectée et devra être synthétisée pour être amenée dans les cercles décisionnaires.

Synthétiser les résultats d'enquête

Un premier outil pertinent à considérer dans ce but est la matrice SWOT, bien connue dans les organisations, qui peut alors être appliquée aux différentes entités de l'organisation, ou à l'organisation dans son ensemble. Ce tableau sera alors rempli à partir des éléments de l'enquête. Si plusieurs produits ou services sont considérés, ces matrices permettront de les comparer entre eux en termes de niveau d'urgence et de potentiel de transformation ou de redirection écologique. Même si l'enquête a révélé des impacts et risques élevés pour plusieurs produits ou services, hiérarchiser ces offres entre elles permettra de planifier dans le temps leur gestion en fonction non seulement des impacts et risques mais aussi des forces et opportunités.

Pour rappel, la matrice SWOT vise à étudier quatre composantes d'une activité :

- *Strength* – Forces ;
- *Weaknesses* – Faiblesses ;
- *Opportunities* – Opportunités ;
- *Threats* – Menaces.

Si cet outil est pertinent d'un point de vue marketing, son système de construction peut s'avérer être utile en le déclinant dans un format de restitution d'enquête. Les impacts environnementaux d'un produit ou service seront alors considérés comme des faiblesses et les différents risques actuels ou prévus représentent des menaces. L'enquête aura aussi révélé des points forts et des opportunités, comme les savoir-faire des salariés par exemple, qui doivent être spécifiés dans un esprit d'arbitrage. Les mettre en avant avec ce tableau simple et parlant à tout le monde permettra d'engager une première discussion avec les parties prenantes et de comprendre facilement les leviers et freins de leur redirection.

- Mission claire et partagée - Compétences technologiques de pointe - Appareil industriel compétitif - Actionnariat familial	- Fort impact sur les limites planétaires, avec une forte concentration du portefeuille d'activités sur des domaines à faible durabilité - Fort endettement et faible capacité d'investissement
(FORCES) S	**W (FAIBLESSES)**
(OPPORTUNITÉS) O	**T (MENACES)**
- Requalifier une activité et sa chaîne de valeur dans un paradigme de durabilité forte - Fermer une activité avant qu'elle s'effondre	- Fort risque législatif sur un domaine d'activité important - Possible bascule de la demande - Grande dépendance à une ressource en cours d'épuisement - Possibles ruptures d'approvisionnement à la suite d'un déséquilibre géopolitique

***Tableau 4.1** – Exemple de matrice SWOT appliquée à un produit à fort impact et/ou risque*

Source : sinonvirgule.

Ensuite ou en parallèle, la compilation des nombreuses informations de l'enquête peut être présentée **sous la forme d'un radar** qui permettra pour chaque produit d'arbitrer pour le choix stratégique le plus pertinent. Grâce à cette représentation, nos quatre grands paramètres (impacts, risques, attachements et capacités à se rediriger) peuvent être représentés simultanément. Pour chacun, il reste toutefois nécessaire d'apprécier quantitativement certains sous-paramètres (les limites planétaires pour les impacts, les cinq risques de rupture pour les risques, etc.). Dès lors, notre radar pourrait ressembler à l'outil suivant.

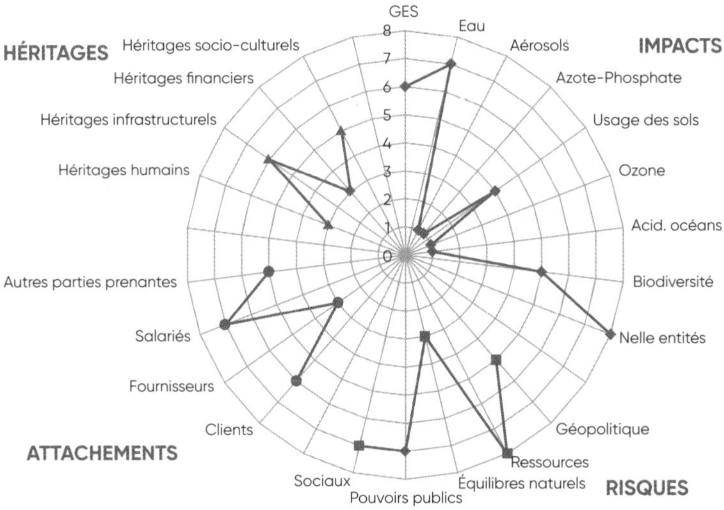

***Figure 4.1** – Exemple de radar d'arbitrage pour un produit ou service donné*

Source : Les auteurs de l'ouvrage.

Guide de lecture du radar d'arbitrage

Plus un point est éloigné du centre, plus le paramètre a un poids fort, mais l'interprétation n'est pas exactement la même pour chaque famille de paramètres :

- **pour les impacts**, cela signifie que le produit ou service a un impact fort sur cette limite planétaire spécifique ;
- **pour les risques**, cela signifie que le produit ou service est fortement sujet au risque spécifique ;
- **pour les attachements**, cela signifie que la partie prenante spécifique a un attachement fort au produit ou service ;
- **pour les héritages**, cela signifie que l'héritage spécifique rendra la transformation/redirection plus complexe.

Dans le cas du radar présenté en exemple, les héritages humains sont proches du centre parce que les salariés ont de nombreux savoir-faire qui pourront être utilisés à d'autres moyens. Par contraste, les héritages infrastructurels sont élevés parce que l'entreprise a de nombreuses machines hyper spécialisées qui seront difficilement utilisables pour une activité différente. Les héritages financiers sont plutôt bas donc l'actionnariat ne constituerait pas un frein fort à la transformation. Les héritages socio-culturels sont modérément élevés, ce qui suggère que le secteur est relativement rigide dans ses normes et habitudes, pouvant ainsi être un frein dans la transformation.

L'explication ci-dessus est associée à un produit ou service, mais à nouveau, comme indiqué lors de l'enquête, l'analyse peut aussi bien être associée à l'activité dans son ensemble, au modèle d'affaires, à l'offre (produit ou service), ou aux processus de production. Les décisions d'arbitrage à suivre n'auront pas le même périmètre d'effet en fonction du niveau analysé.

Convaincre en interne

L'analyse de la matrice SWOT et du radar associé à chaque produit ou service permet alors de décider lesquels doivent être considérés en premier et diffuser alors l'information consolidée au sein de la hiérarchie de l'entreprise.

À ce stade, il est nécessaire de prendre un temps de réflexion pour construire une véritable stratégie de plaidoyer interne. Cela passe par plusieurs décisions. Tout d'abord, il s'agit de choisir le bon **format** de restitution (passage en instance, diffusion d'une note stratégique) et d'étudier pour cela les habitudes et la culture d'entreprise de l'organisation en la matière. Ensuite, il est nécessaire de bien s'entourer, en mobilisant des **personnes alliées** pouvant agir comme des relais, et qui auront normalement été identifiées lors de la phase d'enquête. Enfin, et comme lors de la phase de sensibilisation, il est indispensable de se demander quels sont les profils à convaincre, quelle est leur rationalité, et selon, de choisir un angle d'attaque plutôt qu'un autre. Nous faisons ici le pari que l'argument écologique ne sera pas suffisant et qu'il sera préférable d'entrer par le risque que constituerait une forme d'inaction face aux mouvements en cours. Tout le processus mené jusqu'alors sera ici extrêmement utile, pour enrichir le discours avec des éléments complémentaires de différents services qui renforceront le constat. De plus, ils ouvriront aussi certaines possibilités pouvant devenir des opportunités. Ici, l'analyse devra montrer les liens avérés entre les vulnérabilités décrites par l'enquête et des enjeux déjà rencontrés par le groupe et les métiers. Autrement dit, le choix d'un chemin de redirection doit apparaître comme une adaptation de long terme mais aussi comme une réponse à court terme aux impératifs d'aujourd'hui.

Dans ce processus de plaidoyer, et selon la culture de l'organisation concernée, il peut être judicieux d'**ouvrir les résultats d'enquête au plus grand nombre de personnes**. Notons toutefois qu'en cas de partage élargi, des adaptations devront être faites, notamment autour des éléments concernant les risques. En effet, un discours trop alarmant, s'il peut pousser les dirigeants à l'action, pourrait aussi créer trop d'incertitude et d'incompréhension chez les collaborateurs, par ailleurs peu sensibilisés à cet aspect de la crise écologique. Plusieurs documents synthétisant les résultats de l'enquête pourront donc être produits et diffusés en fonction des cibles.

Enfin, la présentation des résultats pourra dépendre du type même d'organisation, et notamment de la répartition de son capital, qui agit bien souvent comme un facteur clé. Il constitue en soi une forme d'héritage avec lequel composer dans une opération de redirection comme nous l'avons vu dans la phase précédente. L'héritage financier fixe en effet un des cadres généraux de fonctionnement de l'entreprise et donne généralement une indication forte sur les indicateurs ou les valeurs importantes pour les personnes qui pilotent la stratégie. Et donc sur les arguments à mettre en avant lors de la présentation des résultats d'enquête. Autrement dit, et plus largement, il s'agit de bien intégrer que les dirigeants auxquels sont adressés les résultats de cette enquête sont eux-mêmes les héritiers d'un certain système (économique, de compétences, de croyances), et que s'ils ont pu évoluer depuis le début de la phase de sensibilisation, ils restent à convaincre selon différentes modalités.

Par exemple, dans le cas d'une coopérative ou d'une entreprise dont le capital est majoritairement détenu par un ou plusieurs membres d'une même famille (entreprise familiale), il peut être judicieux de miser sur le rôle sociétal de l'entreprise et organiser la présentation des résultats sous cet angle, par exemple en engageant les actionnaires et dirigeants à se questionner sur la marque, la trace, qu'ils souhaitent que l'entreprise laisse dans le temps. Sous cet angle, entreprendre un processus de redirection écologique qui prend en compte les risques, les impacts et les attachements c'est augmenter la probabilité d'assurer la pérennité de l'entreprise. À l'inverse, et dans le cas d'une entreprise avec un capital beaucoup plus dispersé, que ce soit sous forme privé ou public en Bourse, il est pertinent de présenter les résultats de l'enquête sous l'angle de la pérennité financière et de la compétitivité. Les résultats de l'analyse des risques peuvent fortement résonner avec ce type d'interlocuteurs puisqu'ils peuvent remettre en cause l'activité de l'entreprise et donc ses revenus. L'analyse des impacts peut également résonner fortement en montrant que les réglementations présentent une tendance vers des contraintes croissantes proportionnelles aux impacts de l'entreprise sur l'environnement. S'engager dans la redirection écologique peut permettre à l'entreprise de réduire ses risques, d'être alignée plus naturellement avec les réglementations en cours et à venir, et de se positionner fortement sur son marché qui va nécessairement évoluer parce que subissant dans l'ensemble les mêmes contraintes que l'entreprise étudiée.

CHOISIR LE CHEMIN

Une fois les éléments d'enquête reçus, les dirigeants se voient proposer plusieurs options de redirection possible, qui correspondent en réalité aux grandes questions posées par l'enquête :

1. Mon entreprise et les entités qui la composent sont-elles soutenables d'un point de vue des impacts ET des risques ?
   Résultat de la première phase de diagnostic.

2. Est-elle reliée à des attachements forts et partagés ?
   Résultat de la seconde phase de diagnostic.

3. A-t-elle les moyens humains, financiers et infrastructurels de se réorienter ?
   Idem.

Si les réponses à ces questions sont rarement binaires (oui/non), l'outil radar présenté précédemment peut aider à la décision, et il est alors possible de schématiser les liens entre ces éléments et les options de redirection de la façon suivante.

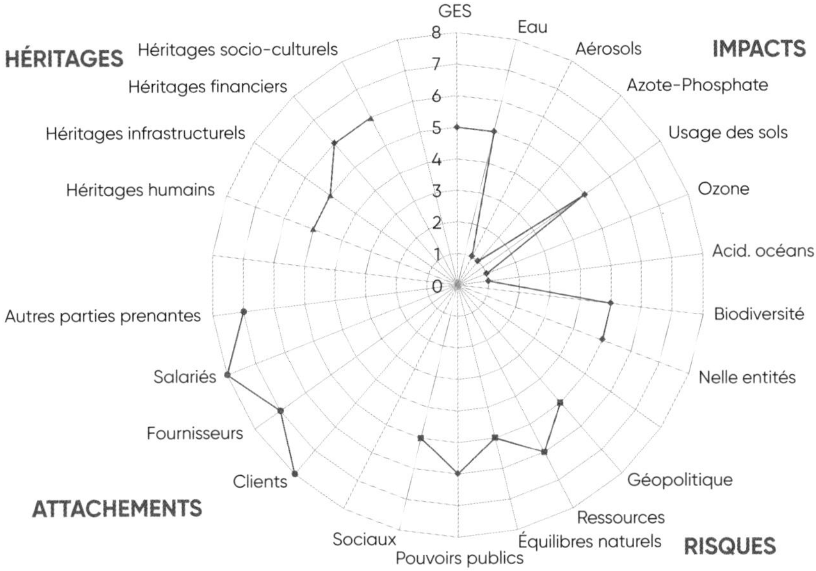

Figure 4.2 *– Exemple de radar pour une entreprise qui peut envisager la voie de la transition écologique*

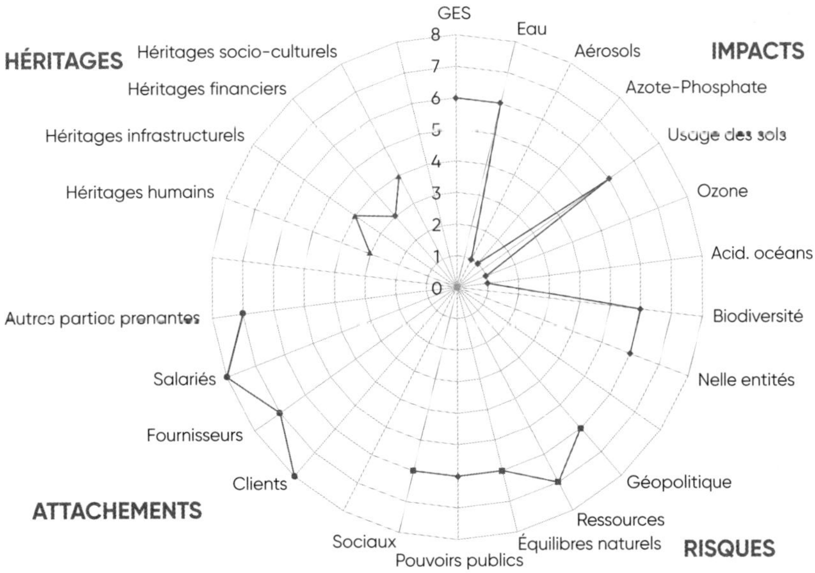

Figure 4.3 *– Exemple de radar pour une entreprise qui peut envisager la voie du renoncement-sobriété*

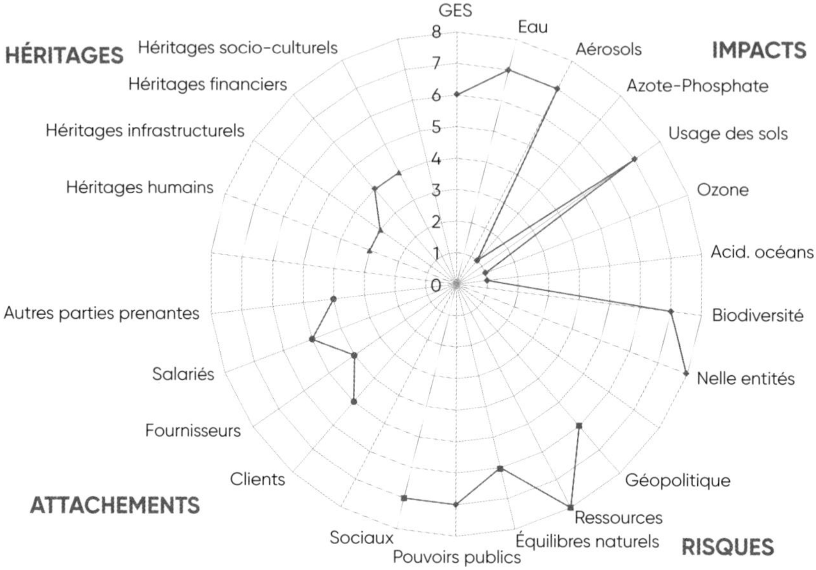

Figure 4.4 *– Exemple de radar pour une entreprise qui peut envisager une désaffection-réaffectation*

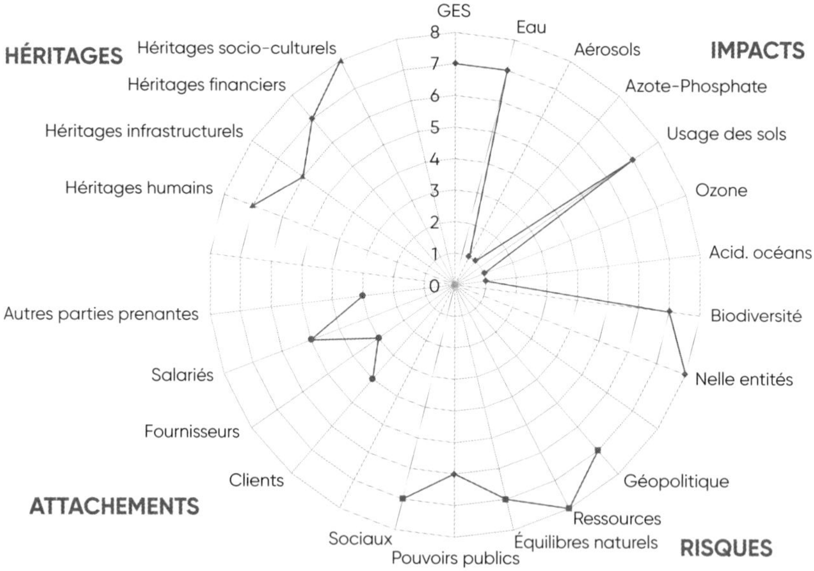

Figure 4.5 *– Exemple de radar pour une entreprise qui devrait envisager le renoncement-fermeture*

Source : Les auteurs de l'ouvrage.

Il est complexe de fixer des seuils précis et fixes pour chacun des points ou quadrant du radar mais les quatre exemples présentés donnent un référentiel de réflexion pour comparer les résultats pour l'entreprise considérée.

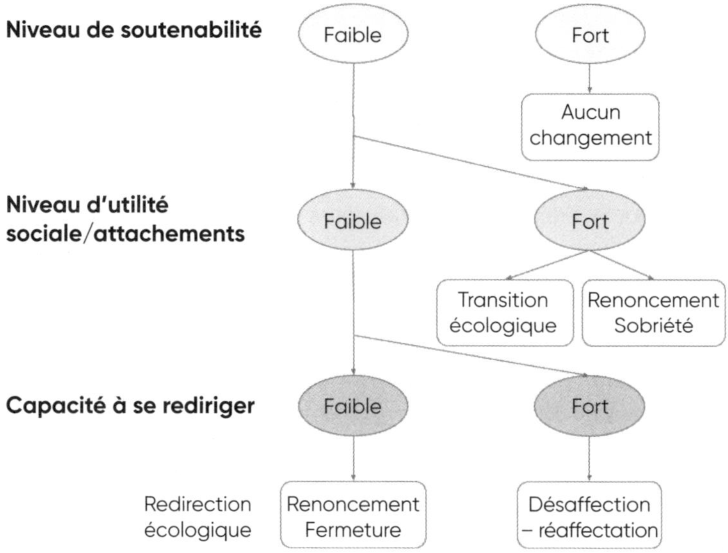

***Figure 4.6** – Arbitrage sur le chemin à suivre en fonction de la soutenabilité, du niveau d'utilité sociale/attachements et de la capacité à se rediriger de l'entreprise.*

Source : Les auteurs de l'ouvrage.

Définissons ici ces différentes options avant de les détailler et d'en donner des exemples dans la prochaine phase.

1. Pas de transformation

Les résultats d'enquête montrent une forte soutenabilité (impacts/risques) des différentes entités de l'organisation. Le statut quo est donc la meilleure voie possible. Ce résultat d'enquête ne doit toutefois pas endormir ces profils d'entreprise, qui peuvent continuer à sensibiliser leurs collaborateurs, et renouveler de façon régulière l'enquête.

2. Transition écologique

L'entité est jugée peu soutenable et doit donc opérer un vrai changement. Toutefois, son utilité sociale et les attachements à cette entité sont forts, et elle ne peut donc pas être abandonnée. Dès lors, c'est la façon dont l'activité est réalisée qui sera ici considérée. Autrement dit, seules les caractéristiques techniques d'une offre ou d'une pratique de production seront modifiées techniquement pour réduire les impacts écologiques et éventuellement certains des risques.

3. Renoncement – sobriété

L'entité est jugée peu soutenable avec des impacts et risques élevés mais son utilité sociale et les attachements sont forts. À la différence du cas considéré pour la transition écologique, les héritages sont plus faibles et donnent donc plus de marge de manœuvre pour ne pas seulement considérer une transformation technique mais également une réduction de la production, qui est un levier très puissant pour réduire les impacts et les risques.

4. Désaffectation – réaffectation

L'entité est jugée peu soutenable mais aussi peu utile socialement (les attachements sont en tout cas peu intenses et/ou peu partagés). Il est donc nécessaire de se rediriger de façon plus ambitieuse. Dans ce cas, l'entreprise est assez souple, avec des capacités humaines, financières et infrastructurelles importantes. Il lui est donc possible de pivoter et de se reconvertir vers une nouvelle offre, voire un autre secteur. Autrement dit, il s'agit ici d'utiliser les moyens associés à l'entité (savoir-faire, machines…) à d'autres fins, pour augmenter sa soutenabilité et/ou son utilité sociale.

5. Renoncement – fermeture

L'entité est jugée peu soutenable, peu utile et sa capacité à se rediriger est faible (du fait d'actifs en mauvais état, de moyens financiers insuffisants…). Il est donc préférable d'y renoncer. Ce renoncement doit alors prendre soin des différentes parties prenantes (clients, fournisseurs, salariés) et être accompagné dans le temps par différentes mesures de compensation, quand cela est possible.

Appel au courage

Même si beaucoup d'informations et de mesures quantitatives peuvent être collectées, agrégées et analysées, une part significative, entre autres sur tous les aspects sociologiques, contient un aspect subjectif qui fait que l'arbitrage n'est pas un processus linéaire automatisable. La sensibilité et les valeurs des personnes décisionnaires rentrent en compte et vont jouer un rôle clé dans cette phase.

Se détacher du paradigme existant depuis des décennies qui place la composante économique au-dessus de toute autre considération n'est pas chose aisée. C'est une forme de responsabilité qui est rarement demandée aux dirigeants d'entreprise : ancrer son entreprise dans le système sociétal et le système Terre pour qu'elle participe à la définition d'un nouvel équilibre visant à satisfaire des besoins qui sont considérés comme essentiels tout en respectant les cycles naturels.

Sans tergiverser, c'est donc un appel au courage des dirigeants qui devront prendre des décisions potentiellement radicales à propos de l'activité de l'entreprise.

CONCLUSION DE LA PHASE 3

En somme, cette phase d'arbitrage est forcément un moment charnière dans le processus de redirection de l'entreprise. Elle fait en effet la jonction entre phase d'introspection (l'enquête) et une phase d'action (le lancement dans un ou plusieurs chemins de redirection écologique). Dans cette conclusion, il nous paraît important d'insister sur le caractère diffus de cette phase d'arbitrage, qui peut en réalité s'étaler sur plusieurs mois, voire plusieurs années. Dans ce processus, il est nécessaire de s'allier des bons interlocuteurs, mais aussi de sans cesse faire le lien entre les événements externes, les difficultés internes, et les propositions de redirection faites, qui doivent alors être comprises comme une façon performante d'allier performance à court terme et résilience à long terme.

Cette combinaison des horizons de temps est centrale pour des décideurs pris entre deux impératifs souvent contradictoires : la gestion des crises d'une part et la pérennité du groupe d'autre part. C'est en montrant qu'elle peut participer à ces deux objectifs que la redirection écologique pourra convaincre.

CADRE THÉORIQUE

La nouvelle pensée de la redirection écologique

Inspiré des travaux sur la dé-futuration du théoricien australien du design Tony Fry, le concept de redirection écologique est porté en France par Origens Media Lab par les enseignants-chercheurs Alexandre Monnin, Diego Landivar et Emmanuel Bonnet.

Le concept de redirection écologique part du principe que les tensions sur les limites planétaires, les ressources matérielles, l'énergie et les faibles taux de croissance du PIB doivent être envisagés comme un problème de finalités qui affectent directement les conditions d'existence et de subsistance sur Terre.

Par comparaison, la notion de transition écologique envisage ces mêmes limites comme un problème de moyens : nos modes de production et d'échange pour l'énergie, les biens et les services sont polluants et il suffirait de les améliorer.

D'après la redirection écologique, les enjeux de l'Anthropocène nécessitent que les organisations, les institutions et les infrastructures de notre société soient réorientées dans leurs stratégies et même pour certaines dans leur existence. Le concept vise donc à reconnaitre le renoncement pour des motifs environnementaux et sociaux comme une possibilité pour de nombreuses entités. Les entités considérées peuvent présenter une insoutenabilité telle qu'elles deviennent des « ruines ruineuses » si encore en activité, comme l'extraction de pétrole, ou des « ruines ruinées », comme les raffineries qui ferment progressivement en France (*Politiser le Renoncement*, A. Monnin). Ces résultats de notre fonctionnement socio-économique génèrent donc des « communs négatifs ». Ce sont ces objets de la Technosphère qui restent après leur abandon et dont la responsabilité de la gestion revient à l'ensemble de la communauté que nous le souhaitions ou pas.

Pour réduire autant que possible ces ruines et technologies zombies, il faut considérer la fermeture d'un certain nombre d'entre elles, tout en évitant les méthodes habituelles et brutales de fermeture motivées par des raisons capitalistiques.

Le renoncement doit donc être accompagné en prenant en compte les attachements des différentes parties prenantes vis à vis de l'entité à fermer. Un technicien d'une raffinerie de pétrole a permis de produire l'essence qui fait rouler les voitures des citoyens. Il en a tiré une fierté sûrement forte au regard de l'influence de son travail sur l'ensemble du territoire, ce qui constitue en soi un attachement. Les sociologues et anthropologues ont ainsi un rôle à jouer dans le domaine économique où l'on fait encore trop eu appel à eux. La prise en compte des attachements implique une recherche collaborative sur le terrain qui permet d'éviter le confinement de la décision de viabilité à des instances techniques nationales ou supranationales (Monnin A., 2023). Considérer les attachements impose alors d'envisager la fermeture selon trois critères essentiels. Elle doit être anticipée, démocratique et non brutale.

Le renoncement et la fermeture doivent dès à présent être planifiés pour éviter d'ajouter des sources d'insoutenabilité supplémentaires à l'ensemble des tensions auxquelles nous sommes déjà confrontés.

TÉMOIGNAGE

Hélène N'Diaye, *DGA de Maif, en charge de l'assurance des personnes, des investissements, de l'actuariat de la data et de la stratégie climat du groupe*

LES ARBITRAGES FORTS APPELLENT UN LEADERSHIP CONSÉQUENT

La Maif, en tant qu'assureur mutualiste et militant, a pris ces dernières années la décision majeure d'exclure les énergies fossiles de ses politiques d'investissements, démontrant qu'une entreprise peut réaliser des arbitrages forts et mettre le renoncement au cœur de sa stratégie pour s'adapter aux enjeux climatiques, mais aussi en faire un plaidoyer pour essayer de changer les règles du marché. Hélène N'Diaye, résume ainsi la position de la Maif : « Aujourd'hui, nous ne regardons même plus les énergies fossiles et leurs rendements. Elles sont simplement sorties du champ des possibles pour nous. »

Cette décision audacieuse, prise en 2022, s'inscrit dans une stratégie climat plus large visant à aligner les activités de la Maif sur les objectifs de l'Accord de Paris.

+ DES CHOIX COURAGEUX FACE À DES DILEMMES ÉCONOMIQUES

La gestion des investissements est cruciale pour un assureur comme la Maif, qui doit garantir la solvabilité de ses engagements. Chaque politique d'investissement y est scrupuleusement analysée, car il s'agit de l'argent des sociétaires, investi pour protéger les adhérents en cas de sinistre. Malgré cela, N'Diaye a défendu la sortie totale des énergies fossiles, en réponse aux arguments prônant une approche plus modérée.

Cette décision a généré des débats internes. Certains estimaient que la Maif, en tant que « petit acteur », n'a pas le volume nécessaire et donc de rôle à jouer pour changer l'orientation d'un secteur aussi massif. D'autres défendaient l'idée de ne pas couper les ponts avec les grands pollueurs, pour tenter de les influencer. Mais pour Hélène N'Diaye, la solution passait par une action radicale et immédiate, pour envoyer un signal fort. « Rester actionnaire pour influencer de l'intérieur ? Total s'en moque. La seule arme qui les fait réagir, c'est la valeur de leur action, et c'est là que nous pouvons agir. Et si nous en inspirons d'autres à faire de même, tant mieux !»

Une fois la décision actée, la direction des investissements de la Maif a dû adapter ses pratiques et ses outils pour mieux quantifier l'impact climatique de chaque investissement. Hélène N'Diaye souligne l'importance de définir des référentiels clairs pour guider les choix d'investissement : « Nous avons inversé l'ordre des priorités. Désormais, l'impact ESG [environnemental, social et gouvernance] est le premier critère de décision, avant même la rentabilité. » Cet alignement des priorités a permis à la Maif de prendre des décisions conformes à ses engagements, sans compromis sur ses principes éthiques.

+ DES DILEMMES PERMANENTS À LA REDIRECTION

N'Diaye admet que ces choix de redirection du modèle s'accompagnent de nombreux dilemmes. Par exemple, les véhicules électriques, pourtant plus écologiques, sont plus coûteux à assurer que les véhicules thermiques en raison des pièces chères et du manque d'acteurs spécialisés. « C'est un paradoxe intéressant, car d'un point de vue actuariel, ces véhicules augmentent le risque, mais ils sont essentiels à la transition écologique. » Ce type de dilemme pousse à trouver des solutions créatives pour concilier enjeux économiques et écologiques.

Pour surmonter ces contradictions, la Maif a également développé des initiatives de plaidoyer. En s'associant à d'autres acteurs, tels que les collectivités locales, ou en siégeant à des instances comme France Assureur, la Maif cherche à créer un cadre plus propice aux investissements durables. Comme le rappelle Hélène N'Diaye : « La résistance s'opère aussi à ce niveau. Il faut parfois faire face aux oppositions internes et externes, mais c'est là que le changement prend forme. »

+ LE DIVIDENDE ÉCOLOGIQUE : RÉAFFECTER LES RÉSULTATS POUR CHANGER LES RÈGLES DU JEU ET RÉGÉNÉRER

En parallèle de ces chantiers, la Maif a aussi développé des stratégies de financement régénératif via son dividende écologique. En effet, si renoncer c'est refuser de participer à une certaine vision du monde et du futur, il convient d'en choisir et d'en encourager une autre. Ici, les porteurs d'initiatives œuvrant à la régénération de nos écosystèmes locaux. Cette stratégie de financement par le dividende écologique trouve d'ailleurs une résonance forte avec la posture stratégique du temps long que souhaite porter Maif. « Le dividende écologique, c'est investir dès aujourd'hui pour éviter les coûts énormes liés aux risques climatiques futurs », explique N'Diaye.

Un autre exemple concret de cette stratégie de financement du temps long est celle du fond « Maif Forêt », destiné à la gestion durable des forêts et que dirige personnellement Hélène N'Diaye, accompagnée et conseillée pour cela par des experts pour adopter des modes gestion plus respectueux des écosystèmes et des communautés locales. « Nous pourrions couper les forêts à court terme et générer un rendement important, mais cela irait à l'encontre de nos principes », souligne-t-elle. En se concentrant sur des investissements durables, qui créent plus de valeur écologique que de profit immédiat, la Maif cherche à transformer les règles du jeu par l'exemplarité de ses choix et d'étendre la promesse fondamentale d'un assureur mutualiste : protéger aujourd'hui et demain.

+ L'IMPORTANCE D'UN ENGAGEMENT COLLECTIF : UN CHANGEMENT QUI NE PEUT ÊTRE PORTÉ SEUL

Toutefois, N'Diaye insiste sur un point crucial : la Maif ne peut pas assumer seule le coût du changement. « Pour réussir cette transition, il est essentiel de travailler avec d'autres secteurs. L'assureur ne peut pas se désengager seul des énergies fossiles si le constructeur automobile ou l'opérateur immobilier ne suive pas. » C'est ici que la stratégie intersectorielle devrait prendre tout son sens. Encore balbutiante mais très prometteuse, cette vision de faire la stratégie est simple : révéler des alliances stratégiques de circonstances entre différents acteurs pour créer les conditions favorables à un changement profond et durable. En créant des alliances avec d'autres acteurs, notamment les collectivités locales et les industriels, Maif pourrait ainsi demain chercher à synchroniser les efforts pour rendre la transition viable à grande échelle. En unissant leurs forces, ces acteurs pourraient ainsi avoir plus d'impact et notamment embarquer les collectivités et les régulateurs pour œuvrer ensemble à des politiques qui favorisent une transition écologique juste et compétitive.

+ CONCLUSION : TRANSFORMER SES PROPRES RÈGLES DU JEU ET INFLUENCER CELLE DU MARCHÉ

Le cas de la Maif démontre qu'une entreprise, par des choix courageux et des investissements proactifs, peut non seulement prendre la voix de la redirection écologique et du renoncement, mais aussi, par le plaidoyer, chercher à changer les règles du jeu. Toutefois, ce changement ne peut se faire seul : il nécessitera demain plus que jamais un engagement collectif et des stratégies intersectorielles. En mobilisant ses investissements pour des projets régénératifs, et en construisant des alliances avec d'autres secteurs, la Maif pourrait bien paver la voie vers un nouveau modèle pour la stratégie d'entreprise, où la santé écologique et la promesse de lendemains viables seraient au cœur de la performance et de la gouvernance.

Un autre apprentissage clé de ce cas est le suivant : plutôt que de servir à justifier des actions modérées, chaque défi opposant l'intérêt financier de Maif à des trajectoires écologiques favorables à la société a été traité comme un chantier de transformation en soi, pavant ainsi la voie vers un nouveau modèle pour Maif, plus en phase avec les défis de transition de notre époque. L'exemplarité des équipes et le courage dont a fait preuve Hélène N'Diaye doit alors nous rappeler qu'une autre voie est possible.

Le cas de Hélène N'Diaye doit également servir ici d'exemple en matière de leadership écologique et inspirer, on l'espère, du courage chez des décideurs qui nous liraient, et seraient en proie à des arbitrages difficiles. À la fin de la journée, on se souviendra de vous pour vos décisions les plus courageuses et votre vision. Courage, vous êtes du bon côté du sens de l'histoire !

L'ESSENTIEL

- **La prise de décision des dirigeants est un long processus qu'il s'agit d'accompagner dans le temps.**
- **Se replonger dans l'ensemble des résultats d'enquête est nécessaire pour identifier les bons arguments, mais aussi les bonnes personnes avec qui s'allier pour faire un plaidoyer commun en interne.**
- **Les chemins de redirection sont des options type mais ils peuvent se combiner.**
- **Des leaders éclairés et courageux doivent aller au-delà des réflexes de gestion traditionnels de l'organisation et prendre conscience de la nécessité d'opérer une bifurcation ambitieuse.**

Rediriger : s'engager dans une transformation radicale

Executive summary

- Chaque situation observée dans la phase d'enquête et ensuite arbitrée emmène l'entreprise sur un chemin spécifique de redirection écologique.
- L'entreprise devra potentiellement envisager des renoncements plus ou moins radicaux en fonction de sa situation.
- Les changements opérés devront être pérennisés par l'instauration d'une nouvelle organisation au sein de l'entreprise.

Cette dernière phase est l'aboutissement d'un long travail effectué en amont : de la sensibilisation à l'arbitrage en passant par une phase d'enquête approfondie. Elle doit pourtant être considérée comme un nouveau début, tant les transformations à mener sont ici ambitieuses et pourront être étalées sur plusieurs années, voire plusieurs plans stratégiques successifs. Au fond, c'est une forme de planification écologique de l'entreprise qui se dessine, et qui se mêle à l'exercice stratégique ordinaire de l'entreprise (là encore, il s'agit de ne pas mettre en concurrence ces deux exercices, mais plutôt de les réconcilier).

Ici, où sont présentés dans le détail les différentes options de redirection écologique, **il est intéressant de noter que plusieurs notions sont déjà bien connues du monde de l'entreprise** : l'économie circulaire, qui irrigue les milieux d'affaires depuis plusieurs années, la diversification, qui est un souci de nombreuses entreprises cherchant à trouver de nouveaux relais d'activité, ou encore la fermeture, qui est elle aussi souvent pratiquée pour des motifs économiques, dans le cas d'une rentabilité jugée insuffisante notamment. Autrement dit, les mouvements stratégiques décrits (investir, désinvestir, ouvrir, fermer) sauront rencontrer les compétences nécessaires dans les équipes dirigeantes. Toutefois, ce sont bien les motifs de ces décisions qui devront évoluer, leur articulation, ou encore la façon dont ils seront pilotés dans le temps : avec de nouveaux indicateurs notamment. Quel que soit le chemin suivi, l'objectif n'est plus ici la seule rentabilité économique mais bien de faire atterrir l'activité de l'entreprise dans cet espace sûr et juste entre limites planétaires et le plancher social, tel que le décrit Kate Raworth dans la Théorie du Donut.

Pour finir, nous aurons ainsi à cœur de décrire les différents mouvements proposés avec des termes bien connus, mais cette familiarité ne doit pas masquer la radicalité du propos, puisqu'il s'agit bien ici de renoncer à certains pans de l'activité qui auraient été hier conservés. Également, nous **insisterons sur les changements structurels qui doivent accompagner ces décisions.** Car au-delà d'opérer un mouvement stratégique, les entreprises doivent se rediriger dans leur organisation globale, ce qui implique de repenser leurs outils, leurs pratiques, leurs indicateurs de performance et même parfois leur mission et leur raison d'être. C'est à ces conditions qu'elles pourront être durablement soutenables et ne pas céder à la tentation future de mouvements incompatibles avec le travail réalisé jusqu'alors.

Si les changements présentés ici sont considérés à l'échelle d'une entreprise, notons dès à présent, et nous insisterons dans la conclusion de cet ouvrage, que la redirection peut (doit ?) aussi être pensée à l'échelle d'un secteur, c'est-à-dire en embarquant l'ensemble des parties prenantes : clients, fournisseurs, régulateurs, mais aussi concurrents. Cette précaution étant prise, plongeons-nous à présent dans les différents chemins que peut emprunter l'entreprise en fonction des arbitrages réalisés : la transition écologique vers un fonctionnement plus circulaire, la désaffectation-réaffectation, le renoncement-sobriété ou le renoncement-fermeture.

Comme dans tout ouvrage méthodologique, les options présentées ont avant tout une valeur pédagogique. Dans les faits, la même décision peut appartenir à plusieurs de ces catégories, et une redirection écologique d'ampleur empruntera nécessaire ces différents chemins.

CHEMIN 1 : TRANSITION ÉCOLOGIQUE

Ce chemin correspond au cas d'entreprises dont l'offre, le modèle d'affaires et/ou les procédés présentent un impact écologique ou des risques importants pour l'entreprise, tout en ayant une utilité sociale et des attachements importants, qui font que l'arrêt de cette activité a peu de sens en termes sociétaux. Dans ce cas, le chemin de la transition écologique est le plus pertinent parce qu'il s'attelle à transformer les moyens et non les finalités de l'activité. Ici, l'objectif est donc de diminuer au maximum les impacts environnementaux et les risques encourus par l'entreprise, sans remettre en question l'activité, le produit ou le procédé concerné.

Pour débuter ce chemin, chaque entreprise doit tout d'abord **cibler ses objectifs de réduction d'impact**[1]. Ces derniers sont le plus souvent exprimés via le prisme du climat et du carbone, avec des cibles de réduction d'émissions de gaz à effet de serre, mais ils peuvent également concerner la consommation d'eau, de matières premières ou encore l'impact sur la biodiversité. Pour fixer ces cibles, il est possible de recourir à des outils comme les Sciences Based Target, qui, sur le climat comme sur la biodiversité, permettent de cadrer les objectifs de réduction d'impact. Dans cette démarche, il est important de garder en tête les références internationales et nationales. Par exemple, l'Union européenne a aujourd'hui un objectif de neutralité carbone en 2050 et de diminution intermédiaire des émissions en 2030 à -55 % par rapport aux émissions de 1990. À l'échelle de la France, la Stratégie nationale bas carbone et le plan du Secrétariat à la planification écologique fournissent également des indications utiles par secteur pouvant aider à fixer des objectifs intermédiaires et finaux de réduction des émissions de gaz à effet de serre.

1. Notons ici que nous parlons de réduction d'impacts, mais en partant du présupposé préalablement détaillé qu'une entreprise plus respectueuse des milieux naturels est par essence une entreprise plus résiliente. À l'inverse, plus une entreprise affecte les équilibres écologiques, plus elle en dépend, et plus elle est à risque.

Une fois ces cibles fixées, l'entreprise doit alors **sélectionner les leviers de réduction d'impact** les plus pertinents. L'enquête doit ici être mobilisée, afin d'estimer les composantes de l'offre et des procédés ayant le plus d'impact environnemental. Puisqu'il n'existe pas à ce jour de façon d'évaluer quantitativement l'impact sur l'ensemble des limites planétaires. Ce sont les outils d'analyse de cycle de vie (ACV) qui pourront être utilisés pour considérer, à chaque étape de la chaîne de valeur, les possibilités de réduire les impacts en termes d'émissions de CO2, de biodiversité ou de consommation de matières premières. Au-delà du diagnostic réalisé en enquête, l'ACV doit aussi permettre de simuler les différents aménagements possibles, comparer les approches et tendre vers des évolutions les plus positives possibles. Cependant, il est vraisemblable que tous les changements nécessaires qui seront identifiés ne pourront pas tous être appliqués rapidement et simultanément. La définition d'une trajectoire de réduction des impacts et des risques sur le moyen terme à horizon 2030-2035, et à long terme 2040-2050 est alors nécessaire. Autrement dit, c'est un **vrai plan stratégique de réduction des impacts** qui doit ici être dressé, avec un objectif final ambitieux aligné avec les objectifs internationaux et nationaux, et des étapes intermédiaires réalistes. Les objectifs intermédiaires doivent également être ambitieux pour éviter la tentation de repousser les gros efforts de réduction vers 2040 dans l'espoir d'un progrès technologique fulgurant qui n'existe pas à ce jour.

Quelques pièges à éviter

Dans ce chemin, disons-le d'emblée, il existe un vrai risque : celui de la **substitution** ou de la **délocalisation** du risque ou de l'impact que nous cherchons à réduire. Autrement dit, il faudra veiller, dans ce processus de transformation, à ne pas remplacer une dépendance risquée par une autre même si c'est dans le but d'intégrer, dans sa chaîne de valeur, des intrants plus écologiques avec un impact moindre. Ni à reporter des impacts plus loin dans sa chaîne de valeur (sur son scope 3 selon le référentiel du bilan carbone par exemple), ce qui reviendrait à une simple manœuvre d'externalisation des impacts négatifs. Enfin, il s'agit d'éviter une autre tentation dans ce processus : celui de la **compensation** des impacts, qui revient à ne pas transformer son entité, mais simplement à mener des actions positives par ailleurs, notamment via des projets de reforestation, très populaires. En effet, ces manœuvres ont de nombreuses limites et ne permettent pas réellement d'équilibrer le budget carbone de l'entreprise. D'une part, il existe un décalage temporel entre l'activité de l'entreprise sur une année et la pousse des arbres qui s'étale sur une à plusieurs décennies. D'autre part, il y a toujours un risque lié au calcul approximatif sur la capture du CO2 par ces arbres, la baisse potentielle de capture de CO2 par les arbres dans un cadre de température croissante, et les risques de feux de forêt. Dès lors, la compensation doit être réservée aux émissions résiduelles, c'est-à-dire les émissions restantes une fois que des réductions drastiques ont été effectuées. Le seuil maximal de 10 % des émissions pouvant être associé à de la compensation est parfois suggéré, mais cette composante doit être mise en place après la définition d'un plan de réduction ambitieux.

Dans ce chemin de la transition écologique, nous suggérons de s'inspirer fortement des grands principes de l'économie circulaire. Cette approche est en effet particulièrement intéressante, car elle couvre l'ensemble des étapes de la vie d'un produit, offrant ainsi la vision transversale indispensable. L'économie circulaire vise à optimiser l'utilisation des ressources et à réduire les déchets en favorisant des pratiques telles que le réemploi, la réparation, le recyclage. L'objectif est bien de réduire les impacts d'une offre à toutes les étapes de son cycle de vie, de l'approvisionnement des matières premières jusqu'à sa fin de vie, idéalement recyclée, en passant par l'usage du produit.

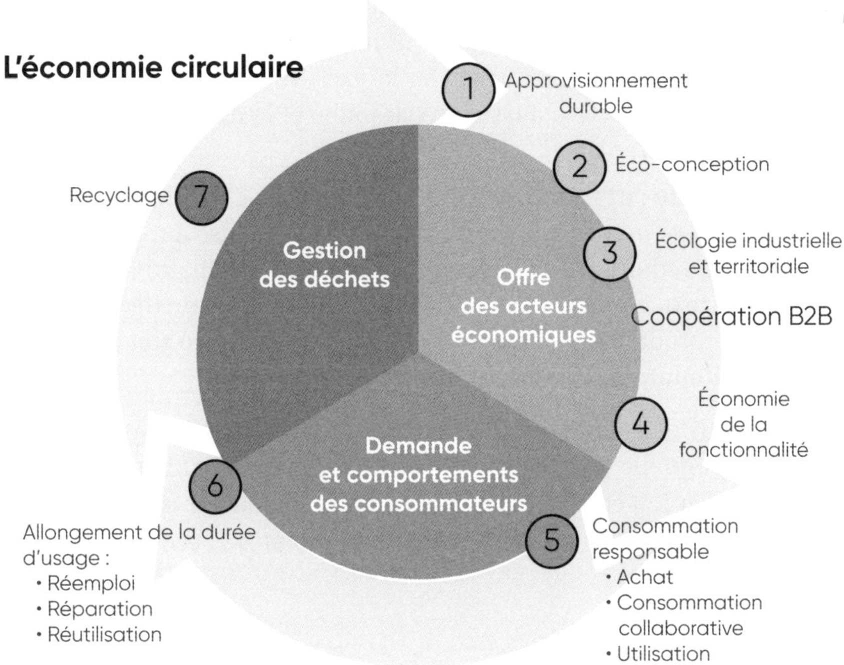

Figure 5.1 – *Schéma de l'économie circulaire et des grandes étapes associées*

Source : d'après l'Ademe.

Ainsi, les grandes composantes de l'économie circulaire incluent :

- **L'approvisionnement durable** : la recherche de matières premières qui affecteront le moins possible les limites planétaires comme des matières premières renouvelables ou issues du recyclage. Cette phase est fortement liée à la phase d'éco-conception puisque les intrants dépendent des composantes du produit.
- **L'éco-conception** : la conception du produit ou du service en prenant en compte les impacts environnementaux de son cycle de vie pour les réduire au maximum. Cette phase a un impact sur l'approvisionnement, l'usage du produit ainsi que sa fin de vie. Le design de l'offre pourra également être lié au modèle de vente choisi.
- **Le modèle d'affaires durable** : un modèle de vente qui s'écarte de la vente au volume pour éviter les effets rebond.

- **L'usage du produit :** l'éco-conception du produit doit amener à un usage du produit consommant le moins possible d'énergie et de matières premières et réduisant les impacts environnementaux. L'éco-conception impactera aussi la réparabilité et la durabilité du produit et donc sa durée de vie.
- **La fin de vie** : dès l'éco-conception, la fin de vie du produit doit être pensée. Plus un produit est simple, plus il sera aisé à recycler. Dans le but de réduire les prélèvements de ressources naturelles, il sera nécessaire que la part de matériaux recyclés augmente très fortement dans les produits, et donc que de la matière recyclée soit disponible au maximum.

Puisqu'il existe des livres et études de référence consacrés à cette question de l'économie circulaire (voir *Pivoter vers une industrie circulaire* de G. Richa et E. Ledoux publié aux éditions Dunod par exemple), nous nous concentrerons ici sur deux de ses composantes : l'éco-conception et le modèle d'affaires.

Repenser le design du produit : l'éco-conception

Repenser le design du produit implique conjointement de réviser les processus de fabrication du produit. L'idée est de revoir le design des produits pour que leur cycle de vie inclut :

- une moindre consommation de matières premières dans sa fabrication (niveau de complexité du produit) ;
- une moindre consommation d'énergie (et d'eau) pour la fabrication (niveau de complexité du produit) ;
- une moindre consommation d'énergie pour le transport (poids et volume et conditionnement du produit) ;
- une moindre consommation d'énergie pour l'utilisation du produit (niveau de complexité du produit) ;
- rendre le produit facilement réparable et réutilisable pour une durée de vie maximale (niveau de complexité du produit) ;

- concernant la réparabilité, c'est d'autant plus pertinent si l'usager peut le faire de lui-même sans avoir à passer par une série d'acteurs différents ;
- rendre le produit facilement recyclable (niveau de complexité du produit, instructions sur les points de collectes).

Low-tech

Dans ce processus de réflexion, il peut être pertinent de s'inspirer du mouvement de pensée *low-tech*. En effet, *la low-tech* (définition du Low Tech Lab[2]) est un terme pouvant qualifier des objets, des systèmes, des techniques, ou des services, mais est avant tout un courant de pensée qui intègre la technologie selon trois grands principes :

- L'utilité : une *low-tech* répond à des besoins essentiels à l'individu ou au collectif.
- L'accessibilité : une *low-tech* doit être appropriable par le plus grand nombre.
- La durabilité : un produit *low-tech* doit être éco-conçu, résilient, robuste, réparable, recyclable, agile, et fonctionnel.

Le niveau de complexité du produit en nombre de matières premières et de composants est donc un facteur clé pour l'éco-conception. Ceci implique de réviser toutes les fonctionnalités du produit pour faire le tri. C'est un exercice qui peut être parfois évident, un grille-pain n'a pas besoin d'une connexion Wifi ou Bluetooth par exemple, mais qui peut devenir plus complexe lorsque le produit existe déjà et que les clients ont créé des attachements forts à celui-ci et à certaines de ses fonctionnalités. Il peut ainsi être surprenant d'observer un attachement des clients à des fonctionnalités du produit qu'ils utilisent en fait peu ou pas du tout. L'enquête de la phase 2B est alors essentielle pour identifier celles qui sont pertinentes à conserver.

Cette phase de conception peut être une opportunité de transformer la relation de l'entreprise avec les clients tout autant que le modèle d'affaires. L'idée de coconcevoir le nouveau design du produit avec des clients qui ont exprimé un fort attachement au produit permet donc de modifier en

2. https://lowtechlab.org/fr

même temps le produit et la relation client. Dans un tel processus, il sera nécessaire de transmettre de l'information aux clients sur les motivations de l'entreprise liées aux contraintes environnementales, matérielles et énergétiques entre autres. L'exemple de l'entreprise *La Marque du Consommateur* et sa marque phare *C'est qui le patron ?* est une illustration concrète d'entreprise de l'agroalimentaire permettant aux clients de voter pour le prochain produit qui sera fabriqué et d'en définir les caractéristiques.

Exemple : *Doudoune Décathlon, un produit phare revisité*

La fabrication de la doublure intérieure de la doudoune Décathlon a été modifiée en mélangeant des fils teints et non teints plutôt que d'appliquer une teinture classique sur la totalité. Dans cette nouvelle conception, le volume de la doudoune a également été réduit. Ces simples modifications ont eu des effets importants puisqu'une analyse de cycle de vie a montré que :

- les émissions de CO_2 étaient réduites de 40 % ;
- les émissions de particules fines ($PM_{2.5}$) étaient réduites de 66 % ;
- plus de produits pouvaient être ajoutés par carton et donc réduire le nombre de camions de transport.

Source : Pôle Écoconception – Fiche éco-initiative N° 16 – https://www.eco-conception.fr/

Un grand levier d'éco-conception consiste également à **relocaliser** une partie de la production en Europe ou en France, ce qui a par ailleurs des impacts sociaux qu'il s'agit aussi de prendre en compte. En effet, une dynamique de réindustrialisation est engagée en France depuis plusieurs années, qui peut permettre de profiter d'opportunités de rapprochement géographique des sites de production. Cette approche présente de nombreux avantages dont une réduction immédiate de l'empreinte carbone de vos produits par un raccourcissement des distances parcourues et le recours à un mix énergétique moins carboné que dans la très grande majorité des pays du monde. De plus, les réglementations sociales de notre pays, aussi exigeantes soient-elles, sont la garantie de conditions de travail de bonne qualité, souvent supérieures à celles de nombreux pays. Enfin, le fait de produire en France est perçu comme un gage de qualité, permettant d'alimenter une communication positive sur la marque et les produits, et construire une relation nouvelle avec les clients. Si ces opérations de relocalisation restent délicates, notamment car les compétences ont parfois disparu, elles n'en restent pas moins possibles, comme le montrent certaines marques 100 % française, comme Du Bon Côté dans le textile par exemple. En outre, la simplification des produits dans le cadre de l'éco-conception peut permettre de réduire les coûts de fabrication et donc de compenser une main d'œuvre potentiellement plus chère. Dans l'esprit d'une soutenabilité forte, il est nécessaire d'envisager d'abord les réductions des impacts, avant de se projeter sur une augmentation de la marge que pourrait procurer la simplification du produit.

Construire un nouveau modèle d'affaires

Repenser le design de ses produits pour en réduire au maximum les impacts environnementaux est essentiel mais une forte augmentation des ventes, entre autres grâce à une image renouvelée de l'entreprise, de la marque ou des produits, pourrait effacer tous les gains unitaires obtenus par l'éco-conception. C'est le fameux effet rebond, ou paradoxe de Jevons (William Stanley Jevons, économiste britannique 1835-1882) qui stipule que les économies d'énergie ou de ressources initialement prévues par l'utilisation d'une nouvelle technologie sont partiellement ou complètement compensées à la suite d'une adaptation du comportement de la société.

Par exemple, si une entreprise réduit de 5 % les émissions de CO2 associées à la fabrication de chaque produit unitaire mais que les volumes de vente augmentent de 10 % par rapport à l'ancienne version du produit, le résultat est une augmentation globale des émissions de CO2 associées à la fabrication des produits, effaçant ainsi l'objectif initial de réduction des impacts environnementaux.

Il existe donc, dans l'approche par la vente maximale de volume, un réel risque de contrecarrer par l'activité de l'entreprise la nouvelle stratégie de cette dernière.

De nouveaux modèles d'affaires, parfois appelés nouveaux modèles économiques (NME) visant à s'écarter de la vente au volume, ont émergé depuis plusieurs années avec des résultats très intéressants. En effet, ces modèles d'affaires s'intègrent parfaitement dans la dynamique de l'économie circulaire. La prise en compte du risque d'effet rebond appelle, même avec ces nouveaux modèles d'affaires, à se concentrer plutôt sur les marges bénéficiaires que sur le chiffre d'affaires. Nous présentons ici quelques-uns de ces modèles d'affaires qui nous semblent pertinents, avec le point commun de transformer la vente classique de la propriété de l'objet vers une forme de service.

Économie de l'usage

L'économie de l'usage est un modèle d'affaires qui vise avant tout à vendre l'usage du produit, comme l'indique clairement son nom, plutôt que de vendre la propriété du produit. Ce modèle s'apparente à une forme de location des produits mais qui vise à changer la relation entre l'entreprise et les clients, mais aussi celle entre les clients, l'entreprise et les produits.

Tout d'abord, la relation entre l'entreprise et les clients est modifiée dans ce modèle d'affaires puisque les deux parties maintiennent une relation dépassant ce que peut proposer la garantie incluse avec le produit habituellement. L'entreprise reste propriétaire du produit et conserve donc une responsabilité quant à son fonctionnement. L'usage de ce dernier devient alors un service pour le client et son offre peut aller au-delà de la simple mise à disposition du produit en incluant la réparation ou le remplacement en cas de casse ou de vol. Cela renforce alors la relation entre clients et entreprise tout en pouvant s'inscrire dans la durée. Le paiement pour l'usage du produit sera facturé par l'entreprise sous forme d'abonnement mensuel ou annuel.

Exemple : We play circular *par Decathlon*

L'entreprise Decathlon expérimente depuis quelque temps un nouveau modèle d'affaires aligné avec le principe de l'économie de l'usage. Pour un abonnement mensuel allant de 20 € à 80 € par mois, vous pouvez emprunter autant de produits que vous le souhaitez à hauteur d'un montant cumulé maximal allant respectivement de 400 € à 2 000 €. Le calcul du montant cumulé est fondé sur le prix de chaque produit en rayon.
Si vous ne pratiquez un sport que pendant une saison de l'année, la nage en mer ou des sorties en vélo par exemple, ou que vos enfants

grandissent vite et que leur tenue de sport est régulièrement trop petite et nécessite un renouvellement tous les quatre mois, cette offre est particulièrement intéressante et adaptée au réel d'une majorité des pratiques sportives.
Ce modèle permet l'utilisation d'un même objet par plusieurs personnes à différents moments de l'année, impliquant la fabrication de moins de produits en amont pour un même volume d'usage réel au total en prenant en compte toutes les personnes qui l'auront emprunté au cours de l'année.
L'entreprise collecte également des données pertinentes sur les points d'usures du produit pour le faire évoluer.

L'économie de l'usage est aussi intéressante pour progressivement transformer la relation aux objets en tant qu'entreprise mais aussi en tant que consommateur. Du côté de l'entreprise, étant donné qu'elle reste propriétaire de l'objet, elle a tout intérêt à ce que le produit soit utilisé le plus longtemps possible par le ou les clients. L'investissement initial dans la fabrication du produit sera alors d'autant plus amorti et donc rentable. Cet objectif de durabilité doit motiver l'entreprise à éco-concevoir son produit pour qu'il soit solide mais aussi réparable, et recyclable. Le lien entre la pertinence de l'éco-conception et le modèle d'affaires devient alors évident.

Du côté des clients, l'évolution espérée de la relation aux objets utilisés sera sûrement plus progressive. Si l'entreprise a présenté les motivations de son nouveau modèle d'affaires autour de la réduction de consommation de matières premières et des nombreux impacts environnementaux, cela participera à une prise de conscience de la part des usagers sur l'intérêt de bien traiter les produits pour les faire durer le plus longtemps possible pour eux, et pour les prochains utilisateurs dans le cas d'un usage court terme. Cependant, le fait de ne pas être propriétaire de l'objet peut potentiellement avoir l'effet inverse que celui recherché, avec un détachement vis-à-vis des précautions à prendre dans l'utilisation du produit. La mise en place d'une caution dans le cas d'une dégradation du produit au-delà de l'usure normale liée à l'usage peut être un moyen d'engager psychologiquement, et financièrement, la responsabilité des clients. Dans le temps, la prise de conscience sur l'importance de faire perdurer les produits le plus longtemps possible deviendra la norme et améliorera le traitement des produits même pour des emprunts de courte durée. Ceci reste un objectif de longue haleine qui touche au changement des mentalités et des normes sociales.

Après avoir examiné une offre de l'économie de l'usage plutôt ponctuelle même si répétée, il est intéressant pour certains types de produits d'envisager une location sur le long terme. L'exemple de l'offre de la coopérative Commown est particulièrement intéressant.

> ***Exemple :*** *Location de téléphone par Commown*
>
> La coopérative Commown propose de louer son téléphone portable plutôt que de l'acheter avec une offre incluant la couverture du vol ou de la casse. L'offre inclut également le remplacement gratuit de la batterie tous les deux ans si nécessaire.
> Pour assurer une longévité maximale du produit, Commown multiplie les stratégies. Tout d'abord, ils ont fait le choix de proposer seulement trois modèles de téléphone dans leur catalogue avec un focus sur des modèles extrêmement durables et réparables tel que le Fairphone (indice de réparabilité à 9,3/10) ou les produits de l'entreprise française Crosscall (indice de réparabilité à 8,5/10). Ensuite, l'offre inclut la réparation du téléphone en cas de mal fonctionnement. Dans le but d'autonomiser les clients, il est possible d'opter pour la solution de la réparation à la maison, dans laquelle Commown envoie les pièces de rechange avec des instructions. Le téléphone Fairphone étant très modulaire, les réparations sont tout à fait faisables par un non expert dans beaucoup de cas. Enfin, pour encourager la conservation du téléphone dans le temps, Commown diminue chaque année le montant de votre abonnement : Plus vous gardez longtemps votre téléphone, moins vous payez cher.
> C'est une approche intéressante à explorer, notamment avec un produit aussi répandu sur le marché et qui nous concerne tous, tant dans son usage, que le soin que nous y apportons et qui a été soumis bien trop longtemps au principe de l'obsolescence programmé.

Notons cependant que l'économie de l'usage peut aussi prendre des formes qui vont produire des effets opposés à ceux attendus. Ce type de modèle d'affaires existe depuis plusieurs décennies dans le cadre de la location longue durée de voitures par exemple, communément appelé « leasing ». Ainsi, ce système est aujourd'hui principalement utilisé par des personnes qui souhaitent changer régulièrement de voiture. La moyenne d'usage des voitures avec ce type de contrat est autour de quarante mois, soit moins de trois ans et demi. Les voitures ne sont pas mises à la casse après être rendues au loueur, mais les clients maintiennent avec ce format une habitude de renouvellement régulier d'un produit qui n'est pas nécessaire. Intégrer pleinement la responsabilité sociétale des entreprises dans le fonctionnement et l'offre de l'entreprise implique de se poser ce type de question et d'accepter de remettre en cause le statu quo en prenant en compte toutes les conséquences de son activité commerciale.

Économie de la fonctionnalité

L'économie de la fonctionnalité étend le principe de l'économie de l'usage un cran plus loin en se focalisant sur l'utilisation réelle du produit ou sur le résultat d'usage. Dans le même esprit que l'économie de l'usage, les clients n'ont pas besoin d'être propriétaire du produit. La différence réside alors dans la facturation par le fournisseur de chaque utilisation unitaire du produit ou du résultat de l'utilisation du produit. On parle alors d'une contractualisation de la performance d'usage. Il est essentiel de ne pas confondre l'économie de la fonctionnalité avec les services annexes proposés autour du produit en sus, dont peuvent faire partie la maintenance et la réparation.

L'exemple le plus connu de l'application de ce modèle d'affaires, sous la forme de l'utilisation réelle, est celui de Xerox qui propose de facturer ses clients pour chaque feuille imprimée. Xerox ne facture donc que la fonctionnalité et ainsi l'utilisation réelle (imprimer des feuilles) et non l'objet en lui-même. Pour l'approche par le résultat d'usage, les offres de système de chauffage ou d'air comprimé sont particulièrement appropriées avec une promesse de maintien de températures adéquates en fonction de la saison, ou de maintien de la pression d'air utilisée pour des processus internes à l'activité du client. À travers ces exemples, on voit bien que cette approche a pour contrainte de devoir suivre de près l'utilisation du produit pour mesurer précisément comment la ou les fonctionnalités sont utilisées. Cela peut s'avérer être simple comme dans le cas d'un photocopieur installé dans un bureau car il peut être connecté au réseau Internet et transmettre des informations au fournisseur sur l'usage. Mais la tâche est moins aisée pour des produits qui n'ont pas ces attributs de base et qui doivent donc être modifiés pour apporter de la connectivité. Il faut parfois envisager une collecte régulière et manuelle des données si la mise en place d'une connexion n'est pas possible. La question de la confidentialité des données doit être nécessairement abordée avec le client qui pourrait ne pas être à l'aise avec le fait qu'un fournisseur suive de près son activité interne.

Globalement, l'économie de la fonctionnalité amène l'entreprise à se concentrer sur la manière dont les clients utilisent le produit. C'est un avantage réel pour identifier ce que les clients font concrètement avec ce dernier et potentiellement leur en proposer de plus adaptés à leur consommation. Ces informations sont aussi essentielles pour l'éco-conception des futures gammes de produits qui pourront être simplifiées en se concentrant sur les fonctionnalités les plus utilisées par les clients. En outre, ce modèle d'affaires présente plusieurs avantages écologiques. Tout d'abord, l'entreprise a tout intérêt à ce que son produit soit maintenu le plus longtemps possible chez le client pour qu'il soit le plus rentable possible. Ceci implique un programme de maintenance et réparation approprié, et donc de fournir des produits aisément réparables avec des pièces détachées disponibles sur une longue durée. Ensuite, du côté du client, la facturation à l'usage l'encourage, que ce soit un particulier ou une entreprise, à maîtriser sa consommation pour maîtriser ses dépenses. Cette situation l'amène à se questionner sur son usage du produit pour tendre vers des pratiques plus mesurées.

Dans l'ensemble, la motivation du client est un facteur clé pour permettre au fournisseur de proposer ce modèle d'affaires alternatif. Elle peut provenir de raisons écologiques ou financières puisque ce modèle lisse les coûts dans le temps, à la différence de l'achat d'un produit potentiellement coûteux. Certaines banques commencent à s'adapter à ce type d'offre et proposent des financements spécifiques à ce type de transaction. Notons enfin que ce modèle est particulièrement prisé dans les transactions en B2B qui s'y prêtent au mieux.

Exemple : *Utilisation à la demande de machine-outils par TRUMPF*

La société TRUMPF[3] propose de nombreux types de machine-outils dont des machines de découpe laser très prisées dans le secteur industriel. Cette entreprise a développé une offre fondée sur l'économie de la fonctionnalité appelée *Pay per part*. TRUMPF reste propriétaire de la machine et propose un forfait tout compris incluant, la maintenance, la réparation et les pièces détachées. TRUMPF facture alors avec ce forfait uniquement la quantité de pièces réellement fabriquées avec leur machine, fixant tout de même un niveau d'utilisation minimum.

3. *https://www.trumpf.com/fr_CH* → produits → services → services-machines-systemes-et-laser → pay-per-part/

La machine étant entièrement automatisée et connectée, TRUMPF peut vérifier que la paramétrisation de la machine est optimale et même gérer la planification de la production à distance, réduisant le nombre de personnel qualifié nécessaire.
Une étude de la CCI Paris-Ile de France publiée en 2024, *De la vente d'équipement à celle de l'utilisation ou de la performance*, présente tout le potentiel de l'économie de l'usage ou de la performance d'usage pour la fourniture d'équipements aux entreprises.

Économie de la fonctionnalité et de la coopération

L'économie de la fonctionnalité et de la coopération (EFC) est en réalité un modèle économique à part entière et pas juste un modèle d'affaires. Ce concept porté par le laboratoire de recherche ATEMIS[4], l'Institut Européen de l'EFC[5] et de nombreux clubs EFC à travers la France, est aujourd'hui soutenu dans son développement par l'Ademe[6]. L'EFC est un modèle économique dans le sens où il appelle à repenser toutes les composantes de l'activité de l'entreprise :

- La proposition de valeur, c'est-à-dire l'offre mais aussi les modalités de l'échange, les bénéficiaires et l'intention de production de valeur.
- Le mode de mobilisation et de développement des ressources, incluant la gestion des matières premières par exemple, mais aussi les ressources immatérielles comme les compétences ou la santé des salariés, ainsi que des ressources plus inhabituelles comme la confiance.
- Le mode d'organisation du travail, c'est-à-dire l'organisation de la production en soi.
- Le mode de contractualisation et donc les sources de revenus. Cela correspond au modèle d'affaires.
- Le mode de financement des investissements.
- Le mode de gouvernance.

Comme son nom l'indique, l'EFC tend à transformer l'activité de l'entreprise vers une forme servicielle, comme décrit précédemment, mais vise

4. https://www.atemis-lir.fr/
5. https://www.ieefc.eu/
6. https://agirpourlatransition.ademe.fr → entreprises → economie-fonctionnalite

également à transformer le rapport au travail et donc les relations en interne et en externe, sous forme de coopération. Cet aspect coopération en vient, dans la pratique, à étendre la notion d'économie de la fonctionnalité au-delà de la vente d'un service pour tendre vers un service juste ou pertinent, en termes humains et environnementaux. Cette approche peut alors être pertinente même pour une entreprise proposant déjà son offre sous forme de services.

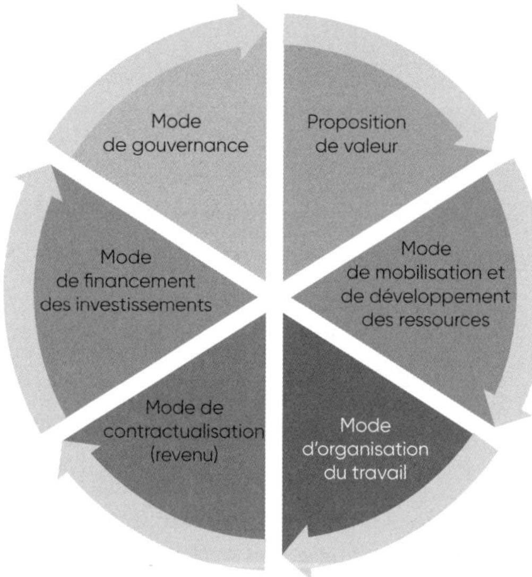

***Figure 5.2** – Schéma présentant les différentes composantes de l'économie de la fonctionnalité et de la coopération*

Source : ATEMIS, un laboratoire d'intervention-recherche qui a forgé et mis au travail le référentiel de l'EFC depuis 2002.

Le principe de l'EFC part des résultats de travaux de recherche en ergonomie depuis les années 1960 qui décrivent un écart entre le travail prévu dans le cadre d'un contrat avec un client ou un fournisseur, le travail prescrit, et le travail réel effectué ou le travail réellement nécessaire. Par exemple, une aide-ménagère qui se rend chez des personnes âgées va très régulièrement, en plus de faire le ménage, passer du temps à discuter avec la personne. Cette interaction sociale, qui n'est pas inscrite dans le contrat de prestation, peut entraîner des retards dans le planning de l'aide-ménagère et lui être reprochée alors qu'elle est tout aussi importante que le nettoyage. C'est un constat évident d'écart entre le travail prescrit et le travail réel. De même, une entreprise d'imprimerie appelée L'Imprimerie Partagée (anciennement Flex'ink), qui s'est engagée dans la démarche EFC, constatait très régulièrement que les clients commandaient toujours plus d'impressions que nécessaire et que beaucoup de documents terminaient à la poubelle. Le bilan écologique était alors mauvais et le client avait au final payé pour plus que ce dont il avait réellement besoin. On observe alors un écart entre le travail prescrit et le travail nécessaire, puisqu'*a posteriori*, le client aurait commandé beaucoup moins d'impressions.

C'est cet écart qui appelle à explorer un nouveau type de relation sous forme de coopération pour éviter la frustration qui peut en découler. De la même manière que nous l'avons décrit dans la phase 2B, il est alors essentiel d'enquêter, sous forme d'exercices ou d'ateliers de réflexivité, pour pouvoir décrire précisément le travail effectué ou le besoin réel. La coopération entre les parties, que ce soit en interne ou externe, appellent à reconnaître ce type d'écart et le prendre en compte dans l'organisation ou la contractualisation. Ceci peut impliquer d'inclure une composante de flexibilité dans la contractualisation avec le client pour coller au plus près de ses besoins et éviter les rebuts. Ou encore, de construire de nouveaux indicateurs portant une valeur allant au-delà de la valeur économique et que toutes les parties reconnaissent comme étant un gain s'ils s'améliorent.

L'EFC met par exemple fortement l'accent sur les ressources immatérielles, telles que les compétences ou bien même la confiance. L'enrichissement de ces ressources immatérielles considérées dans le cadre d'une contractualisation ne représente peut-être pas un gain financier immédiat mais elles participent à l'amélioration de la productivité et du bien-être au travail. Elles peuvent donc indirectement représenter un gain financier parce que la création de valeur dépend principalement des aspects relationnels aussi bien en interne qu'avec les clients. Si les salariés améliorent leurs compétences et sont plus motivés, leur efficacité ou leur capacité d'innovation en générale tendra également à s'améliorer et influencera les futurs contrats de l'entreprise. La coopération dépasse la relation transactionnelle puisque des étapes régulières de réflexivité sont nécessaires pour évaluer les écarts potentiels décrits plus haut. Il en découle une relation plus forte entre les parties prenantes pouvant pérenniser l'activité contractualisée et même explorer le développement de nouvelles offres de service.

Exemple : *EFC et pompe à chaleur par AMZAIR*

La société bretonne AMZAIR propose une offre de pompe à chaleur qui implique une collaboration avec les clients mais aussi d'autres entreprises partenaires. Les garanties complémentaires d'AMZAIR peuvent aller jusqu'à dix ans et inclure le pilotage et la maintenance de l'appareil à distance pour assurer le confort thermique en tant que résultat d'usage. Cette relation continue permet, par une relation privilégiée, d'accompagner les clients vers une prise de conscience de la nécessité d'une certaine sobriété thermique. De plus, les interactions avec les clients et les entreprises partenaires en charge de la réparation ou la maintenance sur site, en complément du pilotage à distance, donnent lieu à des conceptions plus pertinentes de nouveaux produits, dans l'esprit de l'éco-conception, avec la prise en compte des usages réels. L'objectif commun est alors de réduire la consommation d'énergie et va au-delà de la recherche de gain financier pour chacune des parties.

Conclusion du chemin 1

Les transformations nécessaires dans le cadre de la transition écologique ne modifieront pas obligatoirement/forcément les fondements de l'activité de l'entreprise, mais **il reste indispensable d'être ambitieux et de considérer toute la chaîne de valeur de fabrication pour réduire ses impacts de manière significative.** C'est tout l'intérêt d'approcher cette transition sous l'angle de l'économie circulaire. Cependant, aucun modèle n'étant parfait, parvenir à boucler parfaitement le cycle de l'économie circulaire en utilisant presque uniquement des matières premières recyclées peut amener à atteindre une certaine limite si l'entreprise cherche à se développer avec des taux de croissance élevés, comme l'ont démontré les travaux de François Grosse.

La notion d'utilité sociale ou d'attachement étant forte dans le cas considéré, il faut éviter lors de la transformation du modèle d'affaires de basculer rapidement vers la tentation d'une offre premium. Il est assez naturel d'imaginer, lorsque l'idée de s'écarter de la vente au volume est étudiée, que le plus simple et le plus rapide est de proposer des produits haut de gamme à des prix élevés pour réduire le nombre d'unités vendues tout en conservant un chiffre d'affaires élevé. Cependant, cela ferait perdre au produit sa qualité d'utilité sociale puisqu'un nombre beaucoup plus restreint de personnes seraient en mesure de l'acheter.

Nous voyons donc que même si la transition écologique ne s'attelle qu'à transformer les moyens de l'activité de l'entreprise, cette approche constitue tout de même une ligne de crête qu'il n'est pas simple de suivre pour trouver un équilibre entre la réduction des impacts environnementaux et sociaux, et la rentabilité économique.

CHEMIN 2 : DÉSAFFECTATION – RÉAFFECTATION

Comme vu dans la phase 3, ce cas s'applique aux entreprises dont l'offre et/ou les procédés présentent un impact écologique ou des risques forts, combinés à une utilité sociale et des attachements faibles, mais dont les ressources, révélés par l'enquête, démontrent une forte capacité à se rediriger. Dans cette situation, l'entreprise peut chercher à **effectuer un pivot**, c'est-à-dire réaffecter les ressources à sa disposition en son sein sur une nouvelle activité qui présenterait un impact écologique et des risques faibles, selon la grille GREPS vue dans la phase 2A, et une utilité sociale forte. L'objectif est notamment de repositionner une ou des activités de l'entreprise sans avoir besoin de réduire ses effectifs.

Autrement dit, il s'agit ici de réaliser une opération de désaffectation-réaffectation. Si, dans la théorie, ce double mouvement s'effectue de façon conjointe ; dans les faits, il s'agit plutôt de le considérer en deux temps distincts. D'abord celui d'une **diversification**, qui permet à l'entreprise de se positionner différemment sur son marché ou sur un nouveau marché. Suivi de celui d'un **abandon**, qui consomme temporairement les gains de la diversification pour délaisser, et donc à terme fermer, les activités trop néfastes pour l'environnement et/ou trop risquées.

Trois types principaux de diversification

- **La diversification horizontale**, avec laquelle une entreprise vise à vendre le même type de produits mais sur de nouveaux marchés.
- **La diversification verticale**, avec laquelle une entreprise vise à se positionner sur son ou ses marchés historiques mais avec de nouveaux produits.
- **La diversification conglomérale,** avec laquelle une entreprise vise de nouveaux marchés avec des nouveaux produits.

Dans le cadre d'un pivot écologique, la diversification horizontale est peu prometteuse étant donné que l'offre a déjà été identifiée comme peu soutenable. À l'inverse, les diversifications verticale et conglomérale répondent davantage à l'impératif de se renouveler et d'interroger en profondeur ses pratiques.

Ici, il peut à nouveau être utile de se référer aux résultats de l'enquête pour **comprendre autour de quels actifs faire pivoter l'entreprise**. Trois éléments se distinguent selon nous. La mission de l'entreprise constitue ainsi un premier élément pour stimuler la stratégie de diversification : comment pourrait-elle être servie autrement ? En dehors de notre catalogue actuel, quels nouveaux produits pourraient permettre de la renforcer ou de l'exprimer différemment ? Ensuite, les savoir-faire technologiques, qui se rapprochent des héritages infrastructurels décrits pendant l'enquête, permettent d'aborder la diversification autrement : comment notre appareil productif pourrait-il être utilisé à d'autres fins ? Les technologies que nous utilisons pourraient-elles servir d'autres usages ? Enfin, ce sont les savoir-faire humains qui peuvent être considérés : comment réorienter nos compétences clés vers d'autres produits, services ou usages ?

C'est en combinant ces différents paramètres que de nouvelles possibilités peuvent alors émerger. Parmi elles, il s'agira de retenir celles qui rencontrent une forte légitimité à agir de l'entreprise, mais aussi celles qui se différencient le plus par rapport aux différentes offres existantes sur le nouveau marché considéré. À noter que cette première réflexion aborde la question de la diversification en s'appuyant sur les actifs existants de l'entreprise, mais qu'il est également possible de l'envisager sous l'angle de l'investissement via le développement ou l'acquisition de nouvelles capacités. Quoiqu'il en soit, un accompagnement de cette diversification devra être mené, que ce soit en termes de formation des salariés ou de l'équipement.

Diversification dans un monde post-carbone

Une entreprise spécialisée dans la mesure des flux d'hydrocarbures s'est récemment questionnée sur son existence dans un monde post-carbone ou en tout cas dans un monde où ce type de flux décroit. C'est sous l'angle de la diversification qu'elle a souhaité réfléchir, afin de développer une nouvelle proposition de valeur permettant d'accompagner la baisse de leur activité historique.

Malgré une culture très ingénieuriale, c'est la vision de la mission historique qui a concentré les débats et ouvert des horizons de diversification particulièrement divergents. Ainsi, si pour certains, la mission du groupe était de mesurer et de transformer des fluides « dangereux » ; pour d'autres, la promesse de l'entreprise était davantage concentrée sur les fluides « à haute valeur ajoutée ». Cette différence de vision peut paraître ténue, et elle n'avait d'ailleurs pas d'impact tant que les hydrocarbures pouvaient cocher ces deux cases. Dans l'exercice de réflexion cependant, cette divergence a ouvert des possibilités de diversification très différentes : l'hydrogène d'un côté (lui aussi très instable), et l'eau de l'autre (considérée comme le liquide le plus précieux des prochaines années).

Voici par ailleurs, un exemple simplifié de cartographie des actifs réalisée avec ce groupe.

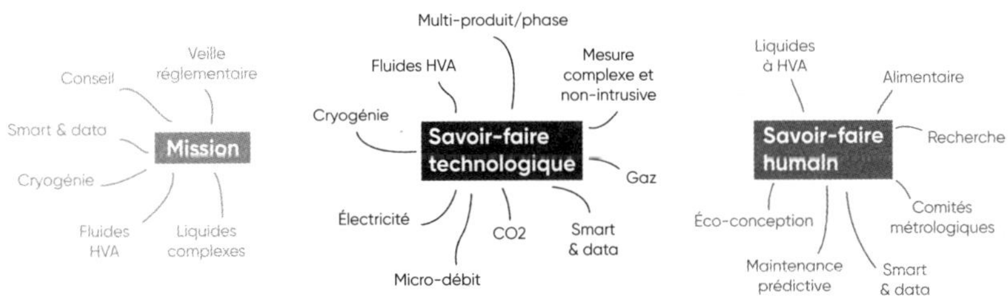

***Figure 5.3** – Cartographie synthétique des actifs d'une entreprise spécialisée dans la mesure des flux d'hydrocarbures*

Source : sinonvirgule.

Ainsi, la stratégie de la diversification peut être appliquée en décomposant l'ensemble de la chaîne de valeur du marché sur lequel l'entreprise propose actuellement son offre, de l'extraction des matières premières jusqu'à la fin de vie du produit. Il est possible aussi de considérer des embranchements dans cette chaîne de valeur si elle n'est pas uniforme pour tous les produits de l'entreprise sur un même marché ou parce que des produits proposés par des concurrents s'inscrivent dans une chaîne de valeur proche mais présentant des alternatives sur certaines étapes. En considérant le positionnement actuel de l'offre et toutes les étapes identifiées, qui sont chacune des sous-marchés identifiés, l'entreprise peut alors explorer, à partir des ressources à sa disposition (infrastructures et compétences), des pivots potentiels. Dans cette démarche, qui est une phase de divergence au cours de laquelle tous les possibles sont encore considérés, il ne faut pas se restreindre si la réflexion porte jusqu'à un autre secteur. Si une des étapes de la chaîne de valeur est identifiée comme étant prometteuse pour un pivot de l'activité de l'entreprise, il faut aussi considérer que ce nouveau positionnement peut être transverse avec d'autres marchés, différents de celui sur lequel l'entreprise est historiquement active.

À ce stade, notons que **cet exercice est une bonne opportunité pour impliquer les salariés dans l'exploration d'un pivot pour une ou des activités de l'entreprise**. L'organisation d'ateliers avec des salariés, que ce soit des équipes de direction, du support, ou de la production, pourra alors être utile. Même si des propositions concrètes ne ressortent pas de chaque atelier, le fait d'impliquer différentes personnes de l'entreprise, dont certaines qui sont souvent peu ou pas du tout sollicitées dans les décisions stratégiques, renforce la cohésion des équipes et le sens d'appartenance à un projet d'ensemble.

Proposition d'atelier

Nous vous proposons un format d'atelier qui permet d'engager des échanges sur la diversification verticale et que vous pouvez adapter aux conditions de l'entreprise. En voici les principales étapes.

1. Rappel du contexte de l'atelier, et notamment des conditions environnementales et économiques qui motivent l'entreprise à se questionner.

Cette introduction devrait être courte et ne peut remplacer toute la phase de sensibilisation qui aura été menée en amont.

2. Cartographie de la chaîne de valeur du groupe, et placement sur cette chaîne de valeur de l'activité étudiée. En parallèle, identification et discussion sur les trois actifs autour desquels pivoter : mission, savoir-faire technologiques et savoir-faire humains.
3. En sous-groupes, idéation à partir de ces actifs afin d'ouvrir des champs d'exploration pour dépasser la proposition de valeur et le secteur habituel de l'entreprise. Ici, le but est avant tout un objectif de divergence et la discussion ne doit pas, à ce stade, être enfermée par des impératifs de faisabilité ou de légitimité.

CHAÎNE DE VALEUR	ACTIVITÉS ACTUELLES	ACTIVITÉS POTENTIELLES
Étude de marché		
Design esthétique		Maquettes usinées
Conception voiture		Prestation numérisation (bureau d'études) Mulet
Validation conception	PLEX-LV Unit Carbone	Mulet
Proto GPEC	Tampons + calibre Mappy cubing	
Fabrication ligne	Moyens de ferrage	
Mise en route ligne		Contrôle Montage + réglage sur site
Production en série		Conception + fabrication de voitures de course
Vente voiture		
Utilisation voiture		
Réparation/ maintenance		Outillage pour pièces rares + fabrication de pièces rares (après numérisation)

CHAÎNE DE VALEUR	ACTIVITÉS ACTUELLES	ACTIVITÉS POTENTIELLES
Recyclage voiture/ Casse		Conception + fabrication outillages
L'atelier a été mené dans le cadre d'un projet de recherche-action autour de l'Atlas des synergies productives[7], porté par l'université Clermont-Auvergne et Open Studio.		

***Tableau 5.1** – Exemple d'analyse de nouvelles activités potentielles le long de la chaîne de valeur pour la société 2MI, sous-traitant du secteur automobile*

Source : Jérôme Cuny (IDH21).

4. Pour chacune des activités potentielles énumérées, évaluation qualitative de la soutenabilité, afin de s'assurer qu'elles soient plus durables que les activités qu'elles doivent à terme remplacer. Ici, il est utile de se référer aux méthodes de l'enquête et de réutiliser certains outils : évaluation des impacts sur les limites planétaires, grille de lecture GREPS pour les risques (géopolitique, ressources, équilibres naturels, pouvoirs publics, et sociaux).
5. Dans le même temps, évaluation d'une autre composante essentielle pour se positionner : le potentiel de l'activité (économique et/ou stratégique).
6. Réconciliation de ces éléments au sein d'une matrice à deux axes : potentiel de marché du secteur et nombre de risques GREPS associé. Les secteurs et activités présentant le moins de risques et le plus grand potentiel de marché constituent les meilleures opportunités possibles de pivot pour l'entreprise.

7. *https://atlas.productive-synergies.com/*

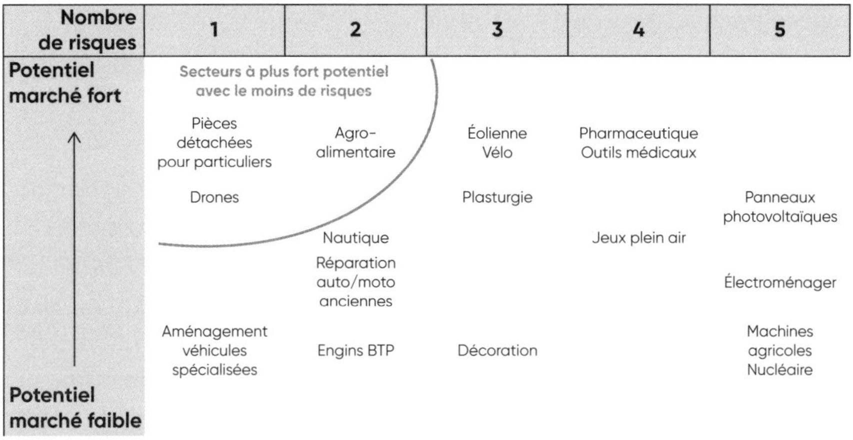

L'atelier a été mené dans le cadre d'un projet de recherche-action autour de l'Atlas des synergies productives[8], porté par l'université Clermont-Auvergne et Open Studio.

***Figure 5.4** – Exemple d'analyse de nouveaux secteurs d'activités potentielles classés en fonction du potentiel de marché et du nombre de risques identifiés selon la grille GREPS de sinonvirgule pour le cas de la société 2MI, sous-traitant du secteur automobile*

Source : Jérôme Cuny (IDH21).

7. Réalisation d'un dernier filtre en discutant de la légitimité de l'entreprise à agir sur le marché considéré au regard notamment de sa position institutionnelle et du jeu d'acteurs en présence. Le sujet de l'utilité sociale pourra également être intégré à ce stade pour choisir entre différentes possibilités de diversification et de pivot. Comme évoqué précédemment, ce critère comporte une forte subjectivité. La sollicitation de l'intelligence collective par l'organisation d'ateliers en groupe avec des profils très divers de l'entreprise pour échanger sur l'utilité sociale de nouvelles offres potentielles est un outil très puissant.

Cet atelier n'a bien entendu pas valeur de décision, et doit simplement être mené pour stimuler la vision stratégique du groupe et offrir des axes de réflexion complémentaires. Une fois réalisé, il devra être complété d'approches plus classiques (études de marché, analyse de concurrence, panels clients, etc.). L'analyse de la rentabilité économique de ces nouvelles offres pourra alors être lancée. Dans une dynamique de durabilité forte, ce critère intervient ainsi plus tard que traditionnellement car l'objectif

8. https://atlas.productive-synergies.com/

est avant tout de construire une proposition pérenne sur du long terme, et pleinement compatible avec la nouvelle donne socio-écologique.

Conclusion du chemin 2

Le chemin de la désaffectation-réaffectation est une voie profondément transformatrice pour l'entreprise puisqu'elle vise à déplacer l'usage des actifs sur une nouvelle activité plus soutenable. Ce mouvement de pivot demande nécessairement une grande implication des collaborateurs, dès le choix des nouveaux espaces sur lesquels se repositionner et jusqu'à la reformation dans les opérations les plus ambitieuses. Cette implication permet d'assurer l'engagement et donc de créer de nouveaux attachements positifs. Le processus suppose également de poser un regard neuf sur l'entreprise et ses possibilités. En cela, un regard externe pourra être le bienvenu.

CHEMINS 3 ET 4 : RENONCEMENT-SOBRIÉTÉ OU FERMETURE

Comme indiqué dans la phase 3, cette voie s'applique dans deux situations. D'une part, le cas des entreprises dont l'offre présente une soutenabilité faible mais une utilité sociale forte, et qui souhaitent adopter une approche ambitieuse de **sobriété** nécessitant une modification de la relation des clients à l'offre. C'est alors une forme de renoncement. D'autre part, ce cas s'applique aux entreprises dont l'offre et/ou les procédés présentent un impact écologique ou des risques forts combinés à une utilité sociale et des attachements faibles, ainsi qu'une faible capacité à se rediriger qui auront été révélés par l'enquête. Dans cette situation, les actifs en présence ne permettent pas d'envisager un pivot de l'activité. C'est alors aussi un renoncement mais qui s'accompagne d'une **fermeture** de l'activité.

C'est un des points remarquables du concept de redirection écologique que d'avoir soulevé l'idée pragmatique qu'il nous faudra **renoncer à certaines**

activités et donc fermer certaines d'entre elles. Si notre système socio-économique est déjà habitué au concept de fermeture, il mobilise ces procédés pour des raisons liées à la profitabilité quand nous les engageons ici pour des motifs de soutenabilité. Autre point important : la redirection écologique met l'accent sur le fait que la réduction ou la fermeture d'une activité doit alors être anticipée, démocratique et non brutale. Cette préparation est clé, non seulement parce que les processus de renoncement et de fermeture sont longs mais surtout parce que c'est une condition nécessaire à l'application des deux autres conditions de la fermeture : la justice sociale et l'équilibre écologique. Ainsi, ce processus doit se planifier non pas en semaines ou mois mais en années.

NB : l'aspect démocratique peut sembler décalé par rapport au cas d'une entreprise privée. Cependant, tous les aspects liés aux attachements que nous avons développés dans la phase 2 (l'enquête) participent à cet aspect démocratique, même s'ils ne sont pas étudiés à l'échelle nationale. L'offre de l'entreprise doit être étudiée sous le prisme de la relation que les clients et les salariés ont avec elle. L'offre d'une entreprise n'est pas neutre non seulement en termes de rapport à l'environnement, mais également dans la relation aux humains qui produisent et consomment l'offre.

Cette section sera organisée en deux parties qui correspondent aux deux grands types de renoncement : la sobriété et la fermeture.

Chemin 3 : renoncement-sobriété

La sobriété consiste à **décider sciemment de réduire sa production et donc la consommation des clients**, dans le but de continuer de remplir la fonction sociale, reconnue comme importante, mais de réduire significativement les impacts environnementaux et les dépendances aux ressources, en réduisant le volume des produits.

Pour ce type de situation, le cas de la société Nexans, société française de câbles électriques, cotée en Bourse, constitue un cas d'étude très intéressant sur lequel nous allons nous appuyer (Guerin C., 2023).

En effet, Nexans s'est engagé depuis plus de dix ans dans une stratégie de transformation profonde guidée par la sobriété et motivée initialement par le constat des impacts environnementaux, et des tensions à venir sur l'approvisionnement en cuivre, dont dépend très fortement la fabrication des câbles électriques. Cette stratégie de longue haleine, qui a commencé à montrer ses résultats autour de 2020, démontre déjà sa pertinence. Nous observons dès aujourd'hui une tension sur l'approvisionnement mondial en cuivre qui sera sans doute très prochainement inférieur à la demande. Les câbles électriques étant une composante essentielle de la stratégie de la transition écologique, poussant pour une électrification des processus historiquement alimentés par des énergies fossiles, ils ont donc une utilité sociale forte qui pourrait être remplie de plus en plus difficilement si les matières premières venaient à manquer. Ainsi, l'objectif premier de Nexans était de pérenniser son activité en réduisant autant que possible les risques de fragilisation par la rareté des ressources. Sa stratégie complète allait par ailleurs bien au-delà de ce seul objectif puisqu'elle vise également une très forte réduction des impacts environnementaux pour les produits conservés (objectifs pour 2030 : -46 % d'émissions CO2 sur scope 1 et 2, et -30 % sur scope 3 par rapport à 2019), et une stratégie d'implication des salariés très ambitieuses.

« Un travail de fond de rééquilibrage de notre portefeuille clients et produits, dont l'indicateur de performance n'est pas le toujours “plus” : plus de volume, plus de clients et de produits… Au contraire, le programme s'appuie sur la notion de sobriété économique : quels sont les clients les plus attractifs pour notre vision à long terme ? De même pour les produits. », Christopher Guerin, PDG Nexans.

Piste 1 : réduction du catalogue

La rationalisation/réduction du catalogue est une première étape à considérer dans une stratégie de sobriété. Côté client, l'abondance de choix participe à des formes de surconsommation. En interne, la multiplication des produits dans un catalogue complexifie les processus, dont la fabrication, amplifiant ainsi les risques de tensions d'approvisionnement en matières premières. Une réduction de la complexité peut dès lors entraîner une augmentation très forte de la productivité, des flux de production et une amélioration de la trésorerie.

Cet effort peut débuter par une simple analyse des redondances dans le catalogue d'offres. Les entreprises, avec un historique long, ont en effet tendance à voir s'accumuler leurs offres parce que le renoncement, lorsque la rentabilité financière est toujours présente, n'est pas une réponse naturelle dans notre système socio-économique, même si des externalités pourraient le justifier. Dans cette accumulation, de nombreux produits peuvent présenter une majorité de fonctionnalités en commun, avec des éléments de différenciation, imaginés pour répondre à des cas très précis, de marché de niche. Il faut alors étudier la possibilité de répondre à différents usages, précédemment considérés séparément, avec un même produit. Ceci implique de bien comprendre les usages des produits pour identifier les fonctionnalités clés que les clients utilisent réellement (voir phase 2B).

Dans cet esprit de rationalisation, Nexans a effectué un exercice pertinent de reconstruction virtuelle de son catalogue en partant d'une feuille blanche avec les questionnements suivants :

- Quels sont les produits cœurs de métier, fondation de notre offre ?
- Quels sont les produits Premium, qui nous apportent une différenciation forte ?
- Quels sont les produits adjacents en cours ou porteurs d'innovation ?

On remarque que les deux dernières questions sont particulièrement pertinentes pour identifier les produits pouvant être porteurs de plus grosses marges bénéficiaires, et donc compenser la diminution de ventes matérielles. Ce travail d'analyse fut combiné avec des nombreuses analyses de cycle de vie qui ont permis d'évaluer les impacts environnementaux des produits, et des usines de production associées. Nexans a entre autres estimé le niveau de rentabilité des produits et des usines si un prix de la tonne de carbone émis de 200 € était appliqué. Pour toujours garder la notion du temps long nécessaire à ce type de transformation radicale, dans le sens du plongeon vers les racines de l'activité, il faut avoir conscience que ce travail d'analyse du catalogue et l'ensemble de la consolidation de la stratégie **a pris près de dix ans avant d'être pleinement enclenché**. Un des résultats impressionnants est que Nexans a réduit son catalogue de 30 %, ce qui représente tout de même 90 000 produits, en moins de trois ans.

Dans la lignée des exemples de sociétés qui ont abordé une stratégie de sobriété par le biais de la révision du catalogue, on peut également mentionner la marque Decathlon qui prévoit de réduire son catalogue de trente marques, voire plus, sur un total de cinquante. Cette action est motivée par une amélioration de la rentabilité financière mais également par des objectifs significatifs de réduction des émissions de gaz à effet de serre. Dans le même esprit, la Camif, spécialiste de l'équipement de la maison, a décidé en 2021 de retirer de son catalogue tous les produits fabriqués hors d'Europe, ce qui représentait à l'époque environ 20 % de son chiffre d'affaires.

Piste 2 : rationalisation du portefeuille clients

Considérer en parallèle la rationalisation de son portefeuille de clients en adéquation avec les objectifs de sobriété est une autre étape majeure qui produit des effets significatifs. Ceci implique que l'entreprise se penche sur les activités de ses clients. Elle évalue alors leur utilité sociale et leur alignement avec le nouveau positionnement stratégique de l'entreprise. Cette approche est une représentation radicale de l'idée d'une RSE et donc constitue une fondation solide à une stratégie de durabilité forte.

De la même manière que pour le catalogue, Nexans a appliqué une grille d'analyse sur son portefeuille clients avec trois questions principales :

- Profil stratégique : en quoi le profil du client s'oriente-t-il favorablement vers notre intention stratégique ?
- Profil de risques : en quoi le client nous permet-il de réduire la complexité, les risques de défaut de paiement, etc. ?
- Profil financier : en quoi le client contribue-t-il globalement à la profitabilité passée, présente et future de notre entreprise ?

L'aspect financier reste bien entendu considéré mais les notions de risques et d'alignement avec le positionnement de l'entreprise rendent cette grille de lecture ambitieuse dans l'idée d'un tri pour renoncer. Dans le cas de Nexans, la fameuse règle du 80/20 s'est avérée pertinente puisque les clients répondant positivement aux questions ci-dessus, représentaient 85 % du chiffre d'affaires de l'entreprise alors qu'ils ne constituaient que

23 % des clients. Un tel constat a entraîné la réduction du portefeuille clients de 17 000 entités à 4 000. La méthode choisie pour se séparer de ces clients ne fut pas brutale mais peut soulever des questions puisque Nexans a fortement augmenté les prix des offres pour ces clients jusqu'à +40 %. Une stratégie idéale aurait été d'accompagner ces clients dans leur redirection écologique dans un esprit de coopération selon les conseils présentés dans cet ouvrage mais cela semble, il est vrai, peu réaliste au regard du nombre de clients.

Nexans a accompagné cette stratégie de sobriété très concrète avec deux axes : une réduction des prix pour les clients qu'ils souhaitaient conserver, et le déploiement d'une offre de services complémentaires qui a permis de **maintenir, voire d'augmenter un peu, le chiffres d'affaires tout en faisant grossir fortement les marges bénéficiaires.** Entre décembre 2018 et décembre 2022, Nexans a augmenté son chiffre d'affaires d'environ 5 % par an, mais surtout son EBITDA de 36 % par an en moyenne. Nexans crée en outre les conditions d'une économie circulaire en signant des accords avec leurs clients pour récupérer les câbles en fin de vie. En effet, retenons qu'une des motivations initiales de cette transformation était le risque de rareté sur des matières premières, tel que le cuivre. L'approche sobre appliquée pourrait aller encore plus loin en la combinant avec un modèle d'affaires serviciels comme décrit dans le chemin 1. Nexans pourrait ne plus vendre la propriété des câbles mais seulement leur usage. Ceci renforcerait encore la coopération avec le client puisque l'entreprise aurait une responsabilité intrinsèque à ce que les câbles soient utilisés le plus longtemps possible. De plus, ce nouveau modèle d'affaires assurerait la récupération des câbles en fin de vie.

Chemin 4 : renoncement-fermeture

Lorsque la soutenabilité, l'utilité sociale et la capacité à se rediriger de l'activité sont faibles, il faut alors considérer la fermeture. Pour respecter ces critères de fermeture d'anticipation, de démocratie et de non-brutalité, il faut alors repartir des éléments obtenus lors de l'enquête et se pencher sur les héritages humains, infrastructurels et financiers. Les réponses aux différentes questions posées sur ces trois périmètres impliquent différentes tactiques de fermeture et incluent plusieurs types d'actions. Nous synthétisons dans le tableau (5.2) quelques-unes des questions qui ont pu être posées pendant l'enquête et les différentes actions potentielles à considérer.

Nous avons alors identifié quatre tactiques potentielles de fermeture qui prennent en compte la situation spécifique de l'entreprise. Notons ici que ces tactiques sont présentées comme des cadres purement théoriques. Dans les faits, chaque opération de fermeture pourra emprunter des actions à plusieurs de ces idéaux-type.

	HÉRITAGES HUMAINS		HÉRITAGES INFRASTRUCTURELS		HÉRITAGES FINANCIERS	
Enquête	Mes collaborateurs possèdent-ils des compétences spécifiques ou générales ? Ont-ils des savoir-faire récents ou datés ? Quelle est la moyenne d'âge de mes collaborateurs ? leur ancienneté ? Quel est le dynamisme de leur bassin d'habitat/du secteur d'activité ?		Mon appareil productif est-il hyper spécialisé ou générique ? Est-il dispersé ou concentré ? Est-il flambant neuf, en déclin, bien ou mal entretenu ? Quelle est sa valeur ? Peut-il être entretenu à moindre coût ou nécessite-t-il une maintenance massive ?		Quelle est la part de CA de l'activité concernée ? Quel est son degré de profitabilité ? Quelle est ma structure capitalistique ? Avons-nous des réserves financières et/ou des possibilités d'emprunt ? Quel est le potentiel économique de mes activités restantes (capacité d'absorption ?)	
Décisions possibles	Laisser partir à la retraite	Arrêter de former	Arrêter d'investir	Fermer l'appareil productif	Vendre l'activité	Réaliser un emprunt pour compenser
	Accompagner au départ (avec formation)	Reformer en vue d'une réallocation	Arrêter d'entretenir	Vendre l'appareil productif	Réinvestir sur les autres activités	Réajuster la structure capitalistique
	Embaucher de nouvelles compétences	Former au décommis-sionnement	Requalifier l'appareil productif	Démanteler l'appareil productif	Accepter la perte financière	Racheter une activité plus soutenable
			Descalariser	Réaliser une fermeture partielle		

***Tableau 5.2** – Outil de construction d'une tactique de fermeture*

Source : sinonvirgule.

Désinvestissement décroissant

L'accompagnement de la fermeture peut s'effectuer sous la forme d'un désinvestissement décroissant. Il implique un délaissement progressif, pour réduire peu à peu la taille de l'activité concernée, sans compensation directe des pertes occasionnées en termes d'emplois et de finances. Cette tactique, qui peut s'étaler sur plusieurs années, vise à rendre progressivement obsolète l'offre commerciale puisque sans investissement, la productivité cessera de s'améliorer et donc la rentabilité financière s'érodera.

Décisions possibles	Laisser partir à la retraite	Arrêter de former	Arrêter d'investir	Fermer l'appareil productif	Vendre l'activité	Réaliser un emprunt pour compenser
	Accompagner au départ (avec formation)	Reformer en vue d'une réallocation	Arrêter d'entretenir	Vendre l'appareil productif	Réinvestir sur les autres activités	Réajuster la structure capitalistique
	Embaucher de nouvelles compétences	Former au décom-missionne-ment	Requalifier l'appareil productif	Démanteler l'appareil productif	Accepter la perte financière	Racheter une activité plus soutenable
			Descalariser	Réaliser une fermeture partielle		

***Tableau 5.3** – Exemples d'action dans le cadre d'une fermeture avec une stratégie de désinvestissement décroissant*

Source : sinonvirgule.

En fonction du niveau de compétences des salariés et de l'état des infrastructures, cette approche peut prendre beaucoup trop de temps et paraître en partie incohérente. Cependant, elle a pour qualité d'être non brutale et de permettre en parallèle un accompagnement des salariés soit vers la retraite pour les plus anciens, soit vers un changement de poste ou une reconversion. Ceci peut être progressif de manière synchronisée avec le chiffre d'affaires et/ou la marge bénéficiaire de l'activité qui se réduisent. La partie la plus complexe est la potentielle acceptation d'une perte financière si l'activité perd sa rentabilité avant que la demande se soit tarie. Une alternative à cette situation est d'augmenter les prix de l'offre concernée pour encourager le tarissement de la demande. Cette augmentation du prix doit être graduelle pour conserver l'avantage du temps que fournit cette tactique.

Désinvestissement stationnaire

Cette tactique diffère un peu de la précédente dans l'idée que les pertes financières, occasionnées par le retrait progressif de l'activité non soutenable, sont compensées par une augmentation du chiffre d'affaires, pouvant être due à un déplacement de l'investissement vers d'autres domaines d'activité plus soutenables de l'entreprise. Dans ce cas, la fermeture peut être pilotée, voire accélérée, par un arrêt de l'entretien de l'appareil productif, en fonction du rythme de la compensation financière des autres activités plus soutenables (dans la lignée des opérations de diversification du chemin de la désaffecation-réaffectation). À nouveau, le pilotage du rythme permet de gérer de manière appropriée soit le départ des salariés travaillant sur l'activité non soutenable, soit leur formation pour basculer sur les autres activités plus soutenables.

Décisions possibles	Laisser partir à la retraite	Arrêter de former	Arrêter d'investir	Fermer l'appareil productif	Vendre l'activité	Réaliser un emprunt pour compenser
	Accompagner au départ (avec formation)	Reformer en vue d'une réallocation	Arrêter d'entretenir	Vendre l'appareil productif	Réinvestir sur les autres activités	Réajuster la structure capitalistique
	Embaucher de nouvelles compétences	Former au décommissionnement	Requalifier l'appareil productif	Démanteler l'appareil productif	Accepter la perte financière	Racheter une activité plus soutenable
			Descalariser	Réaliser une fermeture partielle		

***Tableau 5.4** – Exemples d'actions dans le cadre d'une fermeture avec une stratégie de désinvestissement stationnaire*

Source : sinonvirgule.

Le cas des Laboratoires Expanscience et de leur marque Mustela est assez représentatif de cette tactique. Un des produits phare de la marque Mustela est la lingette nettoyante pour bébé, pour laquelle beaucoup d'investissements ont été effectués dans le but de réduire ses impacts sur l'environnement. Mustela a réussi à concevoir une lingette constituée de 99 % d'ingrédients d'origine naturelle (dont 98 % d'eau) et de fibres d'origine végétale, ce qui lui permet d'être compostable directement chez soi. Cette amélioration du produit dans le cadre d'une transition écologique était louable, mais cela n'allait pas assez loin pour les Laboratoires Expanscience car des millions de lingettes finissent tout de même à la poubelle et rejoignent l'énorme quantité de déchets déjà rejetée par les Français (environ 550 kg par habitant et par an). Étant donné qu'une alternative existe sous la forme du gant de toilette, l'entreprise a décidé de tout simplement arrêter d'ici 2027 la vente de ce produit, qui représente 20 % du chiffre d'affaires de la marque Mustela en France. C'est un exemple réel et ambitieux de renoncement qui ne fut pas motivé par des raisons économiques. En parallèle, Mustela travaille à valoriser ses autres produits présentant des marges intéressantes pour compenser la future perte financière mais ce n'est pas tout. La marque de lingette a décidé de lancer le concept de Maison des Parents[9]. Ce lieu de ressource rend service aux parents, à des associations, à des professionnels de santé et des entreprises qui souhaitent expérimenter la création d'un endroit dans lequel trouver quelques réponses aux multiples questions qu'amène la parentalité. C'est une offre qui cherche encore son positionnement et son modèle d'affaires mais qui est purement servicielle et donc avec des impacts environnementaux nécessairement plus faibles. De plus, cette offre présente *a priori* une utilité sociale forte, lui permettant ainsi d'être présentée comme un remplacement de valeur par rapport aux lingettes. Les entreprises qui se lancent aujourd'hui dans l'idée du renoncement sont des pionnières qui explorent les possibles, mais qui se démarquent de manière notable par rapport à leurs concurrents. De fait, elles prennent un temps d'avance sur la gestion de contraintes matérielles ou législatives qui seront nécessairement croissantes dans la décennie en cours.

9. https://lamaisondesparents.fr/

Décommissionnement

Cette tactique met l'accent sur le cas d'entreprises dont l'appareil productif associé à l'activité qui va être fermée est lourd et qui, s'il est simplement abandonné sans démarche particulière, peut constituer un commun négatif (*cf.* le cadre théorique). Par conséquent, cette sorte d'héritage négatif devra être pris en charge par la communauté (la commune, la région ou l'État), et risque d'être accompagnée d'un potentiel ressentiment envers l'entreprise. Dans cette situation, la gestion du décommissionnement peut devenir une activité temporaire, consistant à démanteler l'appareil productif (et éventuellement le revendre), et dans laquelle les salariés qui utilisaient cet outil de travail peuvent être impliqués. Ici, l'implication des salariés, qui doivent alors être formés, peut servir à la gestion d'une forme de deuil que beaucoup d'entre eux pourraient ressentir, de par leur attachement à leur travail. Cette tactique est nécessairement coûteuse pour l'entreprise mais indispensable pour pleinement embrasser sa responsabilité d'entité participant à la vie de la communauté des habitants.

Décisions possibles	Laisser partir à la retraite	Arrêter de former	Arrêter d'investir	Fermer l'appareil productif	Vendre l'activité	Réaliser un emprunt pour compenser
	Accompagner au départ (avec formation)	Reformer en vue d'une réallocation	Arrêter d'entretenir	Vendre l'appareil productif	Réinvestir sur les autres activités	Réajuster la structure capitalistique
	Embaucher de nouvelles compétences	Former au décommis-sionnement	Requalifier l'appareil productif	Démanteler l'appareil productif	Accepter la perte financière	Racheter une activité plus soutenable
			Descalariser	Réaliser une fermeture partielle		

***Tableau 5.5** – Exemples d'actions dans le cadre d'une fermeture avec une stratégie de décommissionement*

Source : sinonvirgule.

Cession

Cette tactique de renoncement n'est pas réellement une fermeture. L'entreprise, sans doute pressée par le temps, souhaite se débarrasser d'une activité en la vendant à un autre acteur. Il s'agit donc de préparer les collaborateurs au départ puis à procéder à la vente. Il s'agit ici d'une tactique plutôt valable en cas d'une redirection principalement motivée par d'importants risques de rupture sur un domaine d'activité stratégique. En effet, en cas d'impacts trop importants sur l'habitabilité de la planète, cette tactique ne sera pas conseillée car elle n'occasionne qu'un transfert d'impacts et non pas leur réduction. C'est donc plutôt un évitement qu'une gestion de la responsabilité de l'activité.

Décisions possibles	Laisser partir à la retraite	Arrêter de former	Arrêter d'investir	Fermer l'appareil productif	Vendre l'activité	Réaliser un emprunt pour compenser
	Accompagner au départ (avec formation)	Reformer en vue d'une réallocation	Arrêter d'entretenir	Vendre l'appareil productif	Réinvestir sur les autres activités	Réajuster la structure capitalistique
	Embaucher de nouvelles compétences	Former au décommis-sionnement	Requalifier l'appareil productif	Démanteler l'appareil productif	Accepter la perte financière	Racheter une activité plus soutenable
			Descalariser	Réaliser une fermeture partielle		

Tableau 5.6 *– Exemples d'actions dans le cadre d'une fermeture avec une stratégie de cession*

Source : sinonvirgule.

Conclusion des chemins 3 et 4

En étudiant ces approches tactiques, il est nécessaire d'insérer deux notions de progressivité. D'un côté, ces tactiques peuvent être plus ou moins rapides : un désinvestissement sera *a priori* plus lent qu'une cession.

De l'autre, ces tactiques peuvent concerner une activité dans son ensemble ou seulement une partie et on parlera, dans ce dernier cas, d'une fermeture partielle. De plus, il faut considérer que certaines de ces tactiques devront potentiellement être combinées pour atteindre un objectif de redirection écologique par la fermeture qui soit respectueux de l'environnement, des salariés et du futur. Par exemple, un décommissionnement sera peut-être nécessaire, en fonction de l'outil de travail, après un désinvestissement décroissant ou stationnaire qui permet de gérer avec respect, en prenant le temps, la transition des salariés.

PÉRENNISER LE CHANGEMENT

Que ce soit dans le cadre d'un plan de transition écologique, d'un pivot ou d'une fermeture, il est essentiel que l'entreprise ancre des éléments fondamentaux dans son fonctionnement pour ne pas reproduire la situation qu'elle a tenté de corriger. Ce n'est qu'en s'investissant dans une transformation également de la vision, des pratiques et de la gouvernance de l'entreprise que les changements opérés auront un effet pérenne.

Rediriger sa raison d'être

Un des fondements de la pérennisation du changement de paradigme au sein de l'entreprise se trouve dans la raison d'être. Il est maintenant nécessaire qu'elle reflète le positionnement de l'entreprise qui cherche à maintenir dans ses activités un impact environnemental faible et une utilité sociale forte. Nous présentons ici brièvement une méthode pour repenser sa raison d'être :

- Réfléchir au pourquoi de l'activité de l'entreprise qui doit représenter les valeurs qu'elle souhaite porter. Quels apports et quels engagements l'entreprise souhaite porter par ses activités ?
- Définir l'ambition qui en découle. Cette activité vise à faire quoi au sein de la société. Quels imaginaires, quels comportements véhiculent l'offre ?
- Compléter avec la définition de la manière. Dans quelles modalités est-ce que l'offre sera réalisée ? Quelles sont les spécificités de l'offre ?

Prenons l'exemple de la Camif, qui comme nous l'avons présenté précédemment, a pris des décisions radicales qui l'ont amené à réduire drastiquement la taille de son catalogue. Sa raison d'être est « Proposer des produits et services pour la maison conçus au bénéfice de l'Homme et de la planète ». Ainsi, la raison d'être n'a pas vocation à inclure tous les détails des valeurs, ambitions et moyens de l'entreprise. Il s'agit surtout d'en capturer l'essence pour que les offres et actions de l'entreprise prennent tout leur sens quand elles sont présentées en face de la raison d'être.

La prise en compte de valeurs écologiques profondes au sein de l'entreprise nécessite que la réflexion sur la raison d'être soit un exercice collectif. Impliquer un maximum de salariés au sein d'ateliers de travail autour de la définition d'une nouvelle raison d'être est indispensable pour consolider l'attachement et l'engagement autour des ambitions et valeurs qu'elle portera. Cette redéfinition de la raison d'être devra être en cohérence avec la définition des valeurs, de la mission et des objectifs stratégiques de l'entreprise.

Rediriger sa gouvernance

Une entreprise qui s'inscrit pleinement dans les limites planétaires doit également mettre en place une gouvernance qui représente son atterrissage. Ceci implique principalement de penser des organes de gouvernance qui permettront la prise de décision, tout en exerçant un contrôle sur ces décisions, pour vérifier leur cohérence avec la raison d'être et le cadre des limites planétaires. Une telle démarche peut s'inscrire dans une organisation de la gouvernance classique incluant un comité exécutif et un conseil d'administration, parfois complétés par un comité du futur, ou un comité des limites planétaires qui vérifient que les décisions prises sont en accord avec le cadre choisi de maintien de l'habitabilité de la planète. Dans tous les cas, ces instances devront inclure des représentants de l'entreprise, des salariés mais également des spécialistes des sujets écologiques et sociaux pour apporter un œil expert sur les décisions.

L'entreprise, pour s'inscrire pleinement dans un projet sociétal, peut également se transformer en coopérative sous le statut de SCOP (société coopérative et participative) dans lequel les salariés détiennent la majorité du capital de l'entreprise et ont chacune une voix, voire sous le statut de SCIC (société coopérative d'intérêt collectif) qui permet quant à elle de créer des collèges de sociétaires dont certains n'ont pas de rôle opérationnel au sein de l'entreprise. Par exemple, la firme d'agro-alimentaire au statut de SAS *C'est qui le patron ?!* a dans son actionnariat *La Société des Consommateurs (LSDC)*, une SCIC créée spécifiquement avec l'objectif d'accueillir des sociétaires, citoyens-consommateurs des produits de la marque. Cette SCIC possède une action de préférence au sein du capital de *C'est qui le patron ?!*, qui lui permet d'opposer son véto à la vente de la société ou de la marque associée, lui conférant donc beaucoup de pouvoir. Il suffit de 1 € pour devenir sociétaire de *La Société des Consommateurs*, et participer entre autres et sans obligation, à la vérification de l'application du cahier des charges chez les fabricants partenaires. À cela s'ajoute que hors du sujet de la gouvernance, *C'est qui le patron ?!* permet à tout un chacun, même s'il n'est pas sociétaire de *LSDC*, de voter en ligne pour les prochains produits à développer et même pour le cahier des charges de fabrication. Cette relation innovante entre les citoyens qui ne sont pas juste sociétaires ou simplement clients et une entreprise de l'agro-alimentaire permet de modifier la relation aux produits du point de vue des clients et de l'entreprise. L'activité de la firme est alors une activité qui remplit une fonction sociétale essentielle, guidée en direct par ses clients et ses sociétaires, avant tout citoyens avant d'être consommateurs.

Notons enfin que de manière similaire aux salariés, tous les acteurs de la gouvernance, d'autant plus s'ils sont des administrateurs, sans rôle opérationnel au sein de l'entreprise, doivent être sensibilisés aux enjeux environnementaux et sociaux pour pouvoir prendre des décisions en connaissance de cause. Ils doivent, entre autres, être capables de décrypter toute une série de nouveaux indicateurs permettant d'évaluer la soutenabilité des décisions et actions au sein de l'entreprise.

Rediriger ses pratiques internes

Une fois les individus pleinement engagés et les imaginaires dépollués grâce à la phase de sensibilisation et d'enquête, les actions de redirection écologique doivent s'ancrer dans la durée en changeant en profondeur les pratiques de l'organisation : comment conçoit-on un nouveau produit ou un nouveau service ? quels sont les protocoles d'émergence d'un nouveau projet ? comment fait-on du marketing ? de la comptabilité ? **Au-delà des tactiques de transition, pivot ou fermeture, tous ces changements de pratiques** seront nécessaires et avec elles, des changements d'outils pour créer une organisation pleinement compatible dans la durée avec les limites planétaires. Ici, il s'agit de bien comprendre que les outils aujourd'hui présents dans les entreprises sont des actants qui cadrent et limitent notre pensée et notre créativité écologique. On ne peut pas résoudre les problèmes actuels avec les modes de pensée et les outils associés qui les ont engendrés. En bref, la redirection écologique des pratiques nécessite un nouveau mode de pensée et donc de nouveaux objectifs.

Le marketing et la vente

Le marketing qui sert à construire une communication poussant les clients à consommer toujours plus est l'une des premières pratiques visées par une forme de redirection. Alors qu'il est aujourd'hui orienté vers le seul acte de consommation et ne pousse pas à une réflexivité avancée du consommateur, il doit être revu pour encourager les clients à considérer une consommation juste et raisonnable. On peut alors parler de démarketing[10], une pratique s'observant également chez les acteurs territoriaux qui, dépassés par une forme de surconsommation de certains lieux, encouragent les touristes à ne PAS leur rendre visite. C'est par exemple le cas dans certaines calanques du sud de la France[11].

Du côté des entreprises, on peut citer l'exemple de Patagonia, avec sa campagne iconique organisée autour du slogan *Don't Buy this Jacket* mais aussi la marque française de vêtements LOOM qui ne fait jamais de soldes ni de promos et qui indique clairement sur son site réfléchir à nous faire acheter moins. De telles pratiques invitent également à repenser la notion de concurrence, et à davantage réfléchir sous le prisme de la coopération. En 2023, les Laboratoires Expanscience se sont unis avec quatre autres entreprises de la dermo-cosmétique (Pierre Fabre, NAOS, Garancia, La Rosée) au sein d'un consortium pour proposer pour la première fois quinze produits dans un flacon éco-responsable à recharger en pharmacie[12]. Tous les membres de ce consortium avaient un objectif commun : réduire l'impact environnemental de leurs emballages.

Le design/la conception produit ou service

Dans la plupart des organisations, la conception de nouveaux produits ou de nouveaux services obéit davantage à des motifs économiques qu'écologiques.

10. Un terme emprunté à Emile Hooge
11. Parc national des Calanques, « Réservation Sugiton », *calanques-parcnational.fr*
12. https://www.expanscience.com/fr → un-laboratoire-engage → nos-actions-en-collectif

Il est donc habituel de concevoir un nouvel artefact sur la base d'un besoin utilisateur à peine interrogé, de n'inclure que les humains dans les parties prenantes et de ne penser l'écologie qu'à travers le prisme des matériaux utilisés et de leur recyclabilité, c'est-à-dire l'éco-conception. C'est ainsi que de nombreuses entreprises créent encore chaque jour des produits allant à l'inverse de ce que nous devrions faire, soit une conception en accord avec les enjeux écologiques mais aussi sociaux en considérant toutes les parties prenantes affectées.

Si nous avons détaillé dans la phase d'enquête comment évaluer la soutenabilité d'une activité, il est possible d'utiliser une autre méthode lorsqu'on s'intéresse à la conception, et donc à un produit. En effet, un objet peut être obsolète dès sa conception, comme invite à le considérer l'outil suivant, qui classe un nouveau produit ou service selon s'il est vivant (adapté aux cycles naturels et donc pérenne) ou zombie (peu soutenable), obsolète et donc déjà « mort ».

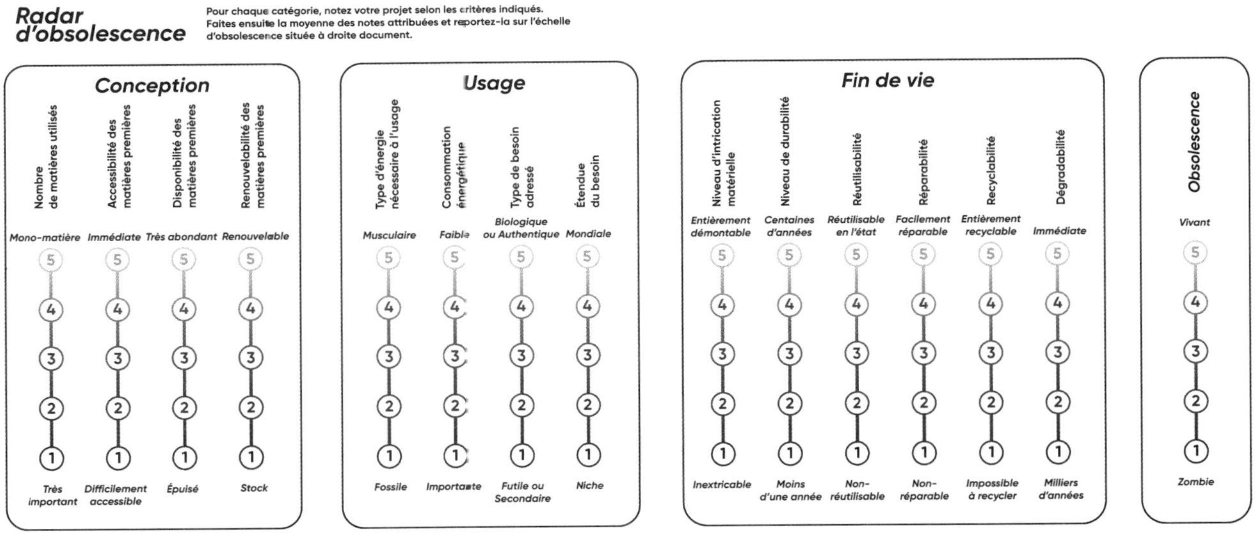

Figure 5.5 – *Radar d'obsolescence à appliquer à un niveau produit ou service*

Source : sinonvirgule.

Pour s'assurer dès la tâche de conception qu'un produit ou service sera bien « vivant », il est nécessaire de changer la façon dont nous concevons ces objets sur différents plans :

- en interrogeant les besoins qu'ils remplissent sans hésiter à en qualifier certains d'artificiels, au sens des écrits de Razmig Keucheyan ;
- en intégrant dans les phases d'enquête les parties prenantes non humaines (animaux et végétation) ;
- en s'interrogeant sur les interactions du vivant avec l'objet créé ;
- et enfin, et seulement à ce moment, en sélectionnant des matériaux adéquats, en privilégiant une forme de compostabilité naturelle de l'objet plutôt qu'en misant sur sa recyclabilité.

Chacun de ces enjeux implique une transformation ou un détournement des outils traditionnels du design. À titre d'exemple, il est possible de *hacker* l'outil *personae*, traditionnellement utilisé pour comprendre les besoins utilisateurs d'un profil type, et centré donc uniquement sur l'humain, en créant des *personae* du vivant, qui couvriront un spectre plus large de possibles. Dans cette lignée, le chercheur Nicolas Roesch parmi d'autres parle de **désanthropocentrer** le design.

L'émergence de nouveaux projets

Au-delà de la notion de produit ou de service, transformer une organisation en profondeur suppose de changer la façon dont elle considère l'émergence de nouveaux projets. Ainsi, dans une organisation pleinement redirigée, il s'agit de s'assurer que chaque nouveau projet respecte une forme d'équilibre entre la valeur qu'il crée et les dégradations qu'il occasionne sur l'habitabilité de la planète. Pour cela, et pour assurer un débat contradictoire entre ces deux enjeux, il est possible d'inventer une nouvelle institution interne à l'organisation, en complément des nouvelles instances évoquées plus haut, chargée de faire passer chaque projet « sous les fourches caudines des limites planétaires »[13]. La création d'une telle institution dans une organisation aura pour bénéfice de ne faire émerger

13. Expression proposée par *Origens Media Lab.*

que des projets soutenables, mais surtout de **changer en profondeur les façons de faire et les logiques de création et d'innovation.**

Extrait de la proposition d'un tribunal d'existence - exercice de design fiction

Cette institution aurait pour objectif de faire dialoguer l'ensemble des intérêts liés à l'émergence du nouveau projet : politiques, sociaux, économiques et écologiques. Une partie des acteurs de ce tribunal s'attachera à interroger le besoin, l'adéquation entre la solution proposée et le besoin, et surtout à comprendre les impacts du projet sur les générations futures (épuisement des communs, déchets, reliquats...) et les non-humains (dérèglement des écosystèmes, perturbation des habitats...). En face, une défense est chargée de prouver l'utilité du projet disposant pour cela des outils classiques de l'entrepreneuriat/du développement de projet : parcours utilisateurs, cartes d'empathie, proposition de valeur... et pouvant inviter à la barre des futurs utilisateurs. Après que chaque partie a pu avancer ses arguments, un jury est chargé d'établir les conditions d'existence du projet qui sont autant de guides pour s'assurer de sa compatibilité avec les limites planétaires. Ces conditions pourront être de plusieurs ordres : limitation du projet créé dans le temps, restriction du projet dans l'espace, conditions restreintes d'accès à une ressource, obligation de substitution d'une ressource à une autre, devoir de faire place nette et de ne laisser aucun reliquat une fois le projet terminé.

Repenser ses indicateurs

Le pilotage de la transformation de l'entreprise et de la pérennisation de cette transformation dans le cadre des limites planétaires implique de considérer aussi des nouveaux indicateurs. Les seuls indicateurs financiers ne permettent pas cela aujourd'hui.

Gestion de projet

À l'échelle des projets, des nouveaux indicateurs sur les impacts sociaux et environnementaux doivent être considérés. En face de l'évaluation de l'utilité sociale du projet, qui sera vraisemblablement en grande partie qualitative, il faut pouvoir présenter les impacts environnementaux. Par exemple, concernant le lancement d'un nouveau produit, les estimations des empreintes carbone, matières et biodiversité deviennent indispensables.

Pour chacune de ces empreintes, un calcul d'abord purement financier peut être réalisé :

- Quel est le retour financier sur carbone employé ?
- Quel est le retour financier sur matières premières employées ? (distinguer matières premières vierges et recyclées)
- Quel est le retour financier sur biodiversité impactée ?

Cette approche doit être à la fois quantitative et qualitative. L'approche quantitative peut être appliquée plus aisément sur le sujet du carbone et des matières premières. Pour le carbone, il est possible **d'appliquer un prix à la tonne de carbone émise pour le projet considéré et évaluer s'il reste rentable en prenant en compte cette « dépense » supplémentaire**. La société Nexans applique par exemple cette approche en considérant un prix de 200 € par tonne de CO2 émise. En France, ce tarif peut être considéré comme élevé puisqu'il est à ce jour en dessous de 50 € par tonne de CO2 émise mais avec un objectif d'atteindre 100 € en 2030. Même si l'écart semble grand, il faut considérer que des pays comme la Suède ont déjà fixé ce tarif à plus de 120 € par tonne de CO2. Les secteurs soumis au Système d'échange de quotas d'émission (SEQE) européen ont des quotas fixes mais un prix de la tonne de CO2 émise qui varie en fonction des taux sur le marché d'échange. Ce système est bien entendu intéressant mais inclut donc une variabilité potentiellement forte qui dénote avec l'idée d'une pérennisation du changement de paradigme qui nécessite une stabilisation du référentiel. C'est pourquoi l'idée de choisir un prix fixe de la tonne de CO2 émise plutôt élevé nous semble une bonne référence pour réellement changer la grille d'analyse de la rentabilité d'un projet qui n'est plus la seule rentabilité économique.

Concernant les matières premières, **l'entreprise peut se fixer un taux de pourcentage minimum d'usage de matières premières recyclées.** Cette approche permet de guider la conception du produit par le choix de matières premières dont la version recyclée est disponible en quantité suffisante pour atteindre le taux minimum fixé. Si une quantité insuffisante de matières premières recyclées est disponible, le produit, et donc le projet, doit être modifié. Si un ratio financier est recherché, l'entreprise peut affecter un tarif virtuel en euros au pourcentage de matières premières recyclées et vierges avec un tarif moins élevé pour les matières recyclées. En multipliant par les tonnes de matières considérées, il est alors possible de calculer un retour sur matières premières utilisées pour le projet considéré au-delà du simple coût d'achat. Cette tactique permet ainsi de valoriser l'usage de matières premières recyclées qui peuvent souvent coûter plus cher que les matières vierges. Si un tel écart de coût d'achat existe, le tarif appliqué au pourcentage de matières premières vierges doit être au minimum du montant de l'écart de coût entre les matières vierges et recyclées.

Pour la **biodiversité, l'estimation sera surtout qualitative en estimant les dommages directs sur le vivant** par l'usage de produits nocifs et dont une partie pourrait se diffuser dans l'environnement. Elle prend aussi en compte les dommages indirects par la réduction de la superficie des habitats, comme la construction d'une nouvelle implantation. Une approche quantitative qui peut tout de même être considérée passe par l'estimation du coût de la restauration des écosystèmes potentiellement affectés. D'un point de vue écologique, cette méthode n'a pas notre préférence parce qu'elle postule la substituabilité du vivant.

Ces estimations concernant un projet permettent de le modifier ou de l'abandonner à son lancement mais doivent être suivies dans le temps pour s'assurer de la pérennisation de l'approche. Idéalement, tous les projets, même ceux déjà en cours, devraient être traités de manière équivalente pour estimer leur soutenabilité écologique qui doit être aussi 'rentable' qu'au niveau financier.

Comptabilité

À l'échelle de l'entreprise, des considérations similaires peuvent être appliquées sur la production du bilan comptable. Depuis quelques années se développe l'idée d'intégrer dans la comptabilité des entreprises des composantes de soutenabilité sociale et écologique en plus des aspects financiers. Il existe différentes approches pour effectuer cette intégration mais la plus populaire à ce jour en France est le modèle de comptabilité CARE-TDL

(*Comprehensive Accounting in Respect of Ecology – Triple Depreciation Line*) porté par les chercheurs Jacques Richard et Alexandre Rambaud.

Dans le système comptable actuel, il n'existe qu'un seul capital à conserver au passif du bilan des entreprises, le capital financier[14]. Avec le modèle CARE-TDL, il y aurait alors trois capitaux à conserver au passif : le capital naturel, le capital humain et le capital financier. Les nouveaux capitaux à conserver, capital humain et capital naturel, sont à valoriser sur la base de leur coût de maintien prévisionnel pour une certaine période d'usage. Il s'agit des coûts de maintien des fonctions essentielles environnementales et des coûts de maintien du bien être des salariés. Pour les fonctions environnementales, on peut considérer par exemple le coût de l'installation de récupérateurs d'eau de pluie. Ce type de coûts sur une période de deux ou trois ans constitue une partie de votre estimation du capital naturel qui doit être complété avec toutes les actions nécessaires pour maintenir les ressources naturelles qui sont consommées par l'activité de l'entreprise. Dans le cas des salariés, cela correspond au maintien de rémunérations permettant de vivre décemment selon les règles de l'Organisation internationale du travail (OIT) mais inclut aussi par exemple le coût des formations qu'il serait pertinent que les salariés suivent pour monter en compétences. Ce coût annuel doit également être considéré sur plusieurs années pour représenter une estimation du capital humain.

Cette approche s'écarte d'une méthodologie qui tend à s'étendre et qui vise à donner un prix à la nature et aux humains en fonction de ce qu'ils pourront fournir comme services. Il s'agit, au contraire, d'assurer le maintien sans condition des fonctions essentielles de la nature et de la vie décente des humains en provisionnant les sommes nécessaires à cet effet. Les coûts prévisionnels portés au passif des deux nouveaux capitaux à conserver seront également portés à l'actif afin d'obtenir la base de la mesure systématique et complète de leur usure au fur et à mesure de leur utilisation par les entreprises. On obtient donc une double représentation de ces capitaux en tant que capitaux à conserver au passif et capitaux à utiliser à l'actif. Au fur et à mesure de l'utilisation de la nature et des humains, des amortissements de la nature et des humains seront systématiquement passés en charge. On aura

14. Cette description du modèle de comptabilité CARE-TDL est inspiré d'un cas d'étude présenté par AVISE sur plusieurs fermes agricoles, et d'une note de synthèse tiré d'un MOOC sur la consommation responsable. Source : *www.avise.org* et *https://lms.fun-mooc.fr/*

donc au compte de résultat une triple ligne d'amortissement au lieu d'une seule, comme c'est le cas aujourd'hui avec l'amortissement du seul capital financier par exemple suite à l'achat de machines.

Les dépenses effectuées pour maintenir le capital naturel et social, comme la mise en place de récupérateurs d'eau de pluie pour le capital eau, sous-composante du capital naturel, seront à considérer comme des produits d'exploitation, venant compléter le chiffre d'affaires des ventes dans le compte de résultat.

En synthétique, si l'entreprise dépense autant pour maintenir les conditions de l'environnement et du bien-être des salariés, que le montant correspondant sur la ligne d'amortissement, plus bas dans le compte de résultat, l'activité de votre entreprise pourra être considérée comme rentable environnementalement et socialement du point de vue la comptabilité CARE-TDL. Si les dépenses ne sont pas effectuées au niveau nécessaire, cela viendra affecter le résultat net et donc les bénéfices de l'entreprise au compte de résultat et son bilan, puisque les capitaux sociaux et naturels seront dégradés.

Pilotage général de la soutenabilité

Les deux composantes de l'activité de l'entreprise, présentées ci-dessus, considérées sous l'angle nouveau de la soutenabilité forte, nécessitent de collecter des données sur l'activité de l'entreprise au-delà des aspects économiques et financiers. Mais c'est en fait l'ensemble de l'activité qui bénéficie de la collecte de ces nouvelles données qui permettent de piloter l'entreprise avec une nouvelle vision.

L'entreprise doit alors mettre en place des indicateurs permettant de suivre et donc de piloter les composantes naturelles et sociales de son activité. Ceci doit être suivi par projet mais également de manière agrégée, surtout pour certains indicateurs qui ne sont peut-être pas aussi pertinents à l'échelle du projet.

L'entreprise doit donc annuellement effectuer, au minimum, une estimation de :

- son empreinte carbone ;
- son empreinte matière ;

- son empreinte biodiversité ;
- la distribution des salaires et l'écart entre le salaire le plus élevé et le moins élevé ;
- la comparaison de la distribution des salaires entre les hommes et les femmes ;
- la proportion d'hommes et de femmes au global et à chaque niveau de responsabilité ;
- le montant de dépense pour la formation à chaque niveau de responsabilité ;
- le pourcentage de matières premières recyclées consommées ;
- la durée d'usage des produits par les clients ;
- l'indice de réparabilité des produits ;
- le volume de déchets de production ;
- la répartition des sources d'énergies consommées entre fossiles et renouvelables ;
- le nombre d'actions de coopération avec les acteurs du territoire (habitants, associations, autres entreprises...).

D'autres indicateurs de soutenabilité peuvent être considérés en fonction des spécificités de l'activité de l'entreprise.

Ces indicateurs doivent s'ajouter à des indicateurs plus classiques tels que l'absentéisme ou les arrêts maladie car ils constituent souvent des bons indicateurs du bien-être au travail ou de la pénibilité de certains postes.

Le suivi et la communication en interne de ces différents indicateurs permettent d'inclure l'ensemble des salariés dans la démarche de l'entreprise. Des formations pour les sensibiliser et les familiariser avec l'interprétation de ces indicateurs est indispensable pour que chacun puisse s'emparer de ces sujets sur son périmètre d'action et participe aux améliorations.

Une gouvernance partagée avec d'autres acteurs que les acteurs financiers, comme préconisé dans la section 5.2, permet de considérer à son juste niveau l'ensemble de ces indicateurs pour orienter les décisions stratégiques de l'entreprise.

CONCLUSION DE LA PHASE 4

L'ensemble des actions préconisées pour s'inscrire sur le chemin de la redirection écologique ne seront presque qu'anecdotiques si elles sont cantonnées à un seul projet. La redirection écologique de l'entreprise doit devenir le nouveau paradigme du pilotage stratégique et opérationnel de l'entreprise en incluant la possibilité du renoncement sur des activités qui ne seraient plus considérées soutenables.

L'instauration de nouveaux indicateurs représentatifs de ce nouveau paradigme, et la collecte des données associées constituent en soi un projet constitutif du nouveau fonctionnement de l'entreprise redirigée. Un des intérêts humains de cette nouvelle organisation qui doit assurer la pérennité de l'activité est qu'elle touche tous les départements de l'entreprise. C'est donc un levier supplémentaire pour rendre concrètes les actions de transformation au sein de l'entreprise et donc leur donner du sens, ce qui permet également de motiver les salariés à s'y atteler.

CADRE THÉORIQUE

Les communs négatifs

Le concept des communs popularisé par les travaux d'Elinor Ostrom (1933-2012), Prix Nobel d'Économie en 2009, est associé à des notions positives. Une définition tirée du *Dictionnaire des Biens Communs* les décrit de la manière suivante : « Les communs sont des ensembles de ressources en accès partagé et collectivement gouvernés au moyen d'une structure de gouvernance assurant une distribution des droits et des obligations entre les participants au commun et visant à l'exploitation ordonnée de la ressource, permettant sa reproduction dans le long terme. »
Cependant, les activités humaines par leur ampleur et leur peu de considération pour les impacts environnementaux ont généré des surplus qui deviennent des déchets. Certains de ces déchets ne peuvent pas s'intégrer dans le cycle naturel

de la biodégradation, et ont une telle persistance, comme le plastique, les usines abandonnées ou les centrales nucléaires démantelées, qu'il nous faudra collectivement les gérer dans la durée car leur existence nous affecte tous. C'est à partir de ce constat et des similarités avec la notion de communs que deux sociologues allemandes, Maria Mies et Veronika Bennholdt-Thomsen, ont publié en 2001 un article proposant le terme de « communs négatifs ».

En 2017, le chercheur Alexandre Monnin s'est engagé dans une réflexion sur ces communs atypiques en les considérant tels des ruines. Cet angle d'analyse permet d'élargir le propos sur les communs négatifs en prenant en compte que la société actuelle et future reçoit en héritage ces « ruines ruinées », rebuts d'un système productiviste, tels que les rivières polluées, mais reçoivent aussi en héritage tout le système socio-économique qui peine à se transformer et qui continue de générer ces ruines. A. Monnin parle alors de « ruines ruineuses », telle la 5G ou le pétrole, dont nous connaissons la nocivité mais dont nous ne parvenons pas à nous détacher et que nous devons gérer collectivement pour espérer maintenir l'habitabilité sur Terre.

Ces « ruines ruineuses » constituent la grande majorité de notre Technosphère, nommée ainsi par comparaison à la biosphère, qui dans une course effrénée au « progrès technologique génère ce que José Halloy appelle des « technologies zombies ». Tels les zombies, les nouvelles technologies ne sont pas vivantes, puisqu'imaginées et fabriquées sans considérations pour les cycles naturels de la planète et ne peuvent pas mourir étant donné la persistance des matériaux

Cette lecture des communs négatifs appelle à une gestion démocratique à la fois des « ruines ruinées », mais également des « ruines ruineuses » et donc de notre système socio-économique qui a vocation à être repensé pour « atterrir », selon les termes de Bruno Latour, dans le cadre des limites planétaires.

TÉMOIGNAGE

Par Romain Guerry, *directeur de l'influence, doctrine et plaidoyer du Groupe VYV.*

LA STRATÉGIE INSTITUTIONNELLE POUR CONTRER L'INERTIE DU MARCHÉ

✚ DE LA NÉCESSITÉ DE PENSER LA STRATÉGIE AU-DELÀ DU MARCHÉ POUR LEVER LES FREINS INSTITUTIONNELS AU CHANGEMENT

Dans un contexte économique de plus en plus marqué par l'urgence climatique, les entreprises se trouvent face à un dilemme stratégique crucial : comment mener des actions de transformation écologique sans compromettre leur compétitivité sur des marchés encore largement régis par des pratiques traditionnelles et un environnement législatif pas encore à la hauteur ? Ce problème touche particulièrement les secteurs où les produits ou procédés à fort impact environnemental sont ancrés dans des chaînes de valeur complexes et difficiles à modifier. Pour une entreprise qui souhaite avancer rapidement vers des modèles plus durables, la simple adoption volontaire de nouvelles normes écologiques peut souvent s'avérer insuffisante. En effet, le risque est grand de devenir non concurrentielle face à des concurrents qui ne suivent pas cette même voie, en raison du coût plus élevé de ces pratiques alternatives.

C'est dans ce contexte que la stratégie d'entreprise doit s'élargir au-delà de son interaction traditionnelle avec le marché pour inclure un engagement institutionnel fort. Comme le souligne Romain Guerry dans une interview approfondie avec les auteurs de ce livre, les entreprises, surtout celles opérant dans des secteurs très réglementés, doivent impérativement intégrer des dimensions politiques, législatives et sociétales à leur planification stratégique. Le rôle de l'influence institutionnelle devient alors central, permettant de créer un environnement où les règles du jeu évoluent en faveur des entreprises qui cherchent à innover durablement.

✚ NAVIGUER DANS UN SYSTÈME INSTITUTIONNEL COMPLEXE : AU-DELÀ DU MARCHÉ

Pour comprendre l'importance de cette approche, il est nécessaire d'appréhender la complexité du cadre institutionnel dans lequel les entreprises opèrent. Il se trouve que le marché de la complémentaire santé et des mutuelles est particulièrement propice à cette étude. « Sur tous nos métiers, nous sommes sur des activités réglementées », explique Romain Guerry, soulignant que dans des secteurs comme la santé, les services aux personnes âgées ou le logement social, l'influence de la réglementation est omniprésente. Il ajoute que les marges de manœuvre sont étroites, car « les revenus et les marchés sont toujours encadrés » et les entreprises doivent continuellement s'adapter à un environnement législatif en perpétuelle évolution.

Ce constat vaut pour d'autres secteurs et devrait s'accélérer à mesure de l'évolution des préoccupations écologiques des législateurs. Pour transformer de manière substantielle leurs activités, les entreprises doivent alors non seulement s'adapter à la réglementation existante, mais aussi anticiper celle à venir et chercher à influencer les futures règles du jeu. C'est là que l'influence, le plaidoyer et le lobbying entrent en jeu. « Ce n'est plus simplement une question d'ajustement passif aux changements, mais bien de tenter d'influer activement sur l'environnement réglementaire pour permettre aux entreprises de rester compétitives tout en réduisant leur impact écologique » rappelle Romain Guerry.

✚ PROPOSER LE CHANGEMENT : LE RÔLE DE L'INFLUENCE INSTITUTIONNELLE

Pour une organisation désireuse de mener une redirection écologique ambitieuse, il est important de s'assurer d'une dynamique concurrentielle (contrainte) et légale favorable, le lobbying et le plaidoyer deviennent des leviers incontournables. Romain Guerry souligne que ces efforts doivent être divisés en deux approches distinctes mais complémentaires : une **approche proactive**, visant à proposer de nouvelles législations ou à amender celles existantes, et une **approche réactive**, qui consiste à s'adapter et à influencer les régulations émergentes. « On voit le texte arriver, et on essaie de le modifier en proposant des ajustements », dit-il en décrivant la stratégie défensive nécessaire pour anticiper les lois qui pourraient potentiellement bouleverser l'activité de son secteur et du modèle mutualiste. Cette capacité à agir en amont est particulièrement cruciale dans les secteurs où un changement de régulation peut, du jour au lendemain, redéfinir les conditions du marché.

Il donne l'exemple de la téléconsultation dans les EHPAD, un service qui n'était initialement pas couvert par la Sécurité sociale mais qui, grâce à des actions de lobbying parlementaire, a finalement été intégré dans le cadre des services remboursables durant la période de la pandémie. Ce cas illustre parfaitement comment l'influence institutionnelle peut non seulement transformer un secteur, mais aussi ouvrir des opportunités d'innovation et de développement commercial. À l'inverse, une décision des pouvoirs publics peut, d'un simple trait de plume, chambouler tout un modèle économique « Pendant la période Covid, toutes les entreprises qui avaient lancé des services de téléconsultation 100 % remboursés par les assureurs complémentaires ont dû revoir leur copie suite à la prise en charge intégrale par la Sécurité sociale », explique Guerry. Ainsi, la réglementation n'est plus une simple contrainte, mais un terrain à façonner pour faciliter le changement ou ne pas disparaître.

✚ S'ORGANISER POUR INFLUENCER : CONSEILS PRATIQUES POUR LES ENTREPRISES

Pour une entreprise qui souhaite s'engager dans cette voie, il ne suffit pas de s'en remettre à l'évolution naturelle des lois. « Influencer, ce n'est pas simplement anticiper et s'adapter, c'est aussi proposer », insiste Romain Guerry. Le processus nécessite de construire une **fonction d'influence institutionnelle** au sein de l'organisation. Cette fonction doit avoir pour rôle d'identifier les opportunités de changement législatif, d'établir des relations solides avec les décideurs politiques et d'articuler clairement les besoins de l'entreprise de manière à les faire converger avec l'intérêt général.

Romain Guerry souligne également l'importance des alliances, notamment pour les petites et moyennes entreprises. Celles-ci peuvent difficilement influencer à elles seules le cadre législatif, mais en se regroupant au sein de coalitions ou d'associations sectorielles, elles peuvent peser de manière significative sur les décisions politiques. « Même des petites entreprises ont réussi à changer des systèmes entiers grâce à des actions judiciaires ou de lobbying bien ciblées », raconte-t-il, encourageant ainsi les PME à ne pas sous-estimer leur capacité d'influence.

Il est également essentiel d'intégrer au sein de l'entreprise une **culture politique**. Selon Romain Guerry, « il n'est pas nécessaire d'avoir une vision politique commune, mais il est crucial d'avoir une culture politique partagée » qui permet à tous les acteurs de l'entreprise de comprendre et d'agir en tenant compte des implications institutionnelles et idéologiques des décisions politiques. Cela implique une formation continue des équipes dirigeantes aux dynamiques législatives et aux enjeux politiques qui entourent leur secteur d'activité.

✚ VERS UNE STRATÉGIE MULTI-ACTEURS : INCLURE L'OPINION PUBLIQUE ET LES RÉGULATEURS À LA PLANIFICATION

Au-delà des seules relations avec les décideurs politiques, les entreprises doivent également intégrer l'opinion publique dans leur stratégie d'influence. Romain Guerry rappelle que dans un monde où les consommateurs sont de plus en plus sensibles aux enjeux écologiques, le rôle des médias et de la société civile dans la création de pressions sur les gouvernements est crucial. « Le plaidoyer doit aussi passer par l'activation de l'opinion publique, souvent via les médias », conseille-t-il. En orientant leur message non seulement vers les régulateurs mais aussi vers les citoyens, les entreprises peuvent contribuer à façonner un cadre politique favorable à leur transformation écologique.

✚ CONCLUSION : AGIR POUR NE PLUS SUBIR

Les entreprises qui ambitionnent de transformer radicalement leurs pratiques en faveur de la durabilité doivent impérativement étendre leur champ d'action au-delà du marché et adopter une stratégie multi-acteurs. L'influence institutionnelle, le lobbying et le plaidoyer sont des outils essentiels pour contourner les freins liés à la compétitivité et favoriser la mise en place de régulations qui rendent possibles des transformations écologiques ambitieuses. Comme le souligne Romain Guerry, « le cadre réglementaire est un élément fondamental de la stratégie de l'entreprise par ailleurs largement documenté par Michael Porter, il reste à ne pas l'oublier ». **Pour les leaders désireux de passer à l'action, il s'agit de comprendre que la bataille pour un changement durable ne se gagne pas uniquement sur le terrain économique, mais aussi dans les arènes politiques et institutionnelles.**

TÉMOIGNAGE

Karen Lemasson, *directrice RSE et Open Innovation des Laboratoires Expanscience*

EXPANSCIENCE ET LE RENONCEMENT STRATÉGIQUE : UNE DÉMARCHE VERS LA DURABILITÉ FORTE

Le parcours de l'entreprise Expanscience illustre comment une entreprise peut s'engager dans une stratégie de durabilité forte, en prenant des décisions courageuses comme celle de renoncer à toute une gamme de produits jugée incompatible avec les limites planétaires, notamment les lingettes pour bébé de la marque Mustela. Ce cas d'école permet de comprendre dans quel contexte de gouvernance une telle stratégie peut émerger, les défis qu'elle soulève et comment Expanscience a su les relever pour en tirer des bénéfices tant écologiques qu'économiques.

✚ UNE TRANSITION ENCLENCHÉE DÈS 2004 : LA PRISE DE CONSCIENCE

La démarche de responsabilité sociétale et environnementale d'Expanscience a été initiée en 2004, bien avant que la durabilité ne devienne une priorité pour la majorité des entreprises. Jean-Paul Berthomé, président d'Expanscience à l'époque répond à l'**appel de Jacques Chirac incitant les entreprises à adhérer au Pacte mondial des Nations unies**. Cet appel a agi comme un catalyseur pour la direction, qui s'est engagée à intégrer les enjeux sociaux et environnementaux dans le cœur de ses activités. Comme le rappelle Karen Lemasson, directrice RSE et open innovation d'Expanscience, « on a pris conscience que notre responsabilité ne se limitait pas à nos propres produits, mais bien à l'impact global de notre activité. »

Cet engagement initial s'est renforcé au fil des années avec des actions concrètes, comme l'obtention par Expanscience de la **certification B Corp en 2018** et son choix d'adopter le statut de société **à mission en 2021**. Cette trajectoire prouve qu'un chemin vers la durabilité ne se fait pas du jour au lendemain, mais nécessite une évolution progressive et continue.

✚ LE RENONCEMENT AUX LINGETTES JETABLES MUSTELA : UNE DÉCISION SYMBOLIQUE MAIS NÉCESSAIRE

L'un des actes les plus emblématiques de cette stratégie de durabilité a été **en 2023 la décision, très largement médiatisée, d'abandonner totalement la gamme de lingettes jetables pour bébé de la marque Mustela en 2027**. Ces lingettes, bien que plébiscitées par les parents du fait de leur praticité, et représentant une part importante de leurs revenus, ont été jugées incompatibles avec la vision à long terme d'Expanscience. « Un produit polluant à usage unique n'est pas compatible avec le monde que l'on souhaite pour demain », explique Karen Lemasson, soulignant ainsi l'incompatibilité de ces produits avec les ambitions écologiques de l'entreprise.

Dans une phase de transition, l'entreprise a choisi de remplacer ces produits par des alternatives de transition plus respectueuses de l'environnement, comme des lingettes lavables ou compostables, afin « d'accompagner les consommateurs progressivement ». Toutefois, Karen Lemasson reconnaît que cette décision va au-delà des simples analyses d'impact. « C'est une décision symbolique forte, un *statement* et un message fort envoyé à nos consommateurs et au secteur. » Cette action illustre donc bien comment une entreprise peut faire preuve de **leadership en matière de renoncement**, en mettant ses valeurs au premier plan, même si cela implique des sacrifices commerciaux.

✚ LES DÉFIS RENCONTRÉS : MESURER LES IMPACTS ET ENGAGER LES PARTIES PRENANTES

Prendre la décision d'arrêter une gamme de produits n'est jamais facile, surtout dans un marché assujetti à une forte dynamique concurrentielle et faisant le pari marketing d'être présent sur l'ensemble des gestes de soin et d'hygiène des consommateurs. Pour Expanscience, le défi résidait alors dans **un arbitrage fin mêlant impératifs économiques, sociologiques et écologiques**. « Vous ne pouvez pas tout arrêter du jour au lendemain, sinon vous impactez aussi le consommateur dans ses habitudes et la gestion de ses besoins » précise Karen Lemasson. En effet, il était ainsi nécessaire d'évaluer non seulement l'impact environnemental des produits, mais aussi les conséquences sur les emplois, les processus internes et la capacité des consommateurs à changer leurs habitudes et gestes de soin. Une campagne avait en ce sens été initiée pour inviter les consommateurs des lingettes Mustela à n'utiliser leur produit que dans situations bien définies, comme lors de déplacements où de transit dans des zones de moindre accès à l'eau. L'idée était alors de faire de la pédagogie auprès des consommateurs et du marché, avant de transformer la façon de répondre à leurs besoins.

Pour aller plus loin dans la transformation de ses activités et soutenir la prise de décision, l'entreprise a depuis développé des outils de mesure de l'impact environnemental et social de l'ensemble de son portefeuille de produits. **Un comité interne a été également mis en place pour analyser les performances de chaque produit en fonction de plusieurs critères : efficacité, utilité sociale, et impact écologique**. Cette méthode permet aujourd'hui à Expanscience de prendre des décisions éclairées sur les produits à maintenir ou à abandonner.

+ L'IMPORTANCE DU SOUTIEN INTERNE ET DE LA GOUVERNANCE

L'un des facteurs clés du succès d'Expanscience dans son parcours de transition a été **l'engagement du comité de direction et de l'ensemble des collaborateurs**. « Nous avons mis en place des méthodes d'intelligence collective, inspirées de la Convention Citoyenne pour le Climat, pour faire émerger des solutions collectives, » souligne Karen Lemasson. En impliquant non seulement les cadres dirigeants mais aussi les équipes sur le terrain, l'entreprise a réussi à générer une dynamique interne de transformation.

De plus, **le soutien de l'actionnariat familial**, ainsi que le leadership historique très fort de Jean-Paul Berthomé, ont joué un rôle décisif dans la capacité de l'entreprise à assumer des décisions aussi courageuses. « Sans un comité de direction engagé, nous n'aurions jamais pu aller aussi loin, » confie Karen Lemasson.

+ LES BÉNÉFICES D'UNE TELLE STRATÉGIE : L'ÉTUDE DE MODÈLES CIRCULAIRES ET RÉGÉNÉRATIFS

L'abandon des lingettes pour bébé s'inscrit dans une stratégie plus large d'Expanscience visant à **devenir une entreprise à visée régénératrice d'ici 2040**. Pour cela, l'entreprise mise sur des modèles circulaires, comme le développement d'alternatives durables et l'expérimentation avec des solutions de vrac. Ces initiatives ne visent pas seulement à réduire les déchets, mais à réutiliser les ressources et à créer de nouveaux modes de consommation plus respectueux de l'environnement.

Karen Lemasson l'admet : cette transition est en cours et loin d'être complète, mais elle est sur la bonne voie. « Nous avons compris qu'il ne suffisait pas de mieux faire, mais qu'il fallait transformer notre modèle économique pour qu'il soit compatible avec les limites planétaires ».

+ CONCLUSION : L'URGENCE DE SE POSER LES BONNES QUESTIONS ET DE PASSER À L'ACTION

Le cas d'Expanscience démontre que le renoncement à certaines activités est non seulement possible, mais qu'il peut aussi devenir un levier stratégique pour créer un modèle d'affaires plus résilient et durable. « **Nous devons nous poser la question : est-ce que nos produits auront encore une légitimité dans**

20 ou 30 ans, face aux effondrements écologiques à venir ? » interroge Karen Lemasson. À travers des décisions courageuses, comme celle de renoncer aux lingettes, et même si la route est encore longue, Expanscience montre qu'il est possible de progresser vers la conciliation d'un modèle économique avec les limites planétaires et la contribution au bien-être de toutes et tous.

L'exemple de cette entreprise peut servir de modèle à d'autres acteurs du marché, qui doivent, eux aussi, accepter de repenser leurs priorités et de passer à l'action, même si cela implique des renoncements à court, moyen ou long terme.

L'ESSENTIEL

- **L'ensemble des chemins cités constituent des changements profonds qui doivent être considérés sur un temps long.**
- **La redirection écologique fait au fond appel à des notions bien connues de l'entreprise : la diversification ou encore le désinvestissement.**
- **L'entreprise doit définir des nouvelles méthodes d'innovation et de gestion de projets associés à de nouveaux indicateurs pour ne pas reproduire les erreurs du passé.**

Conclusion

Les réponses ambitieuses à l'urgence écologique semblent aujourd'hui être ralenties par une forme de dilution de la responsabilité entre les acteurs, qui peut être schématisée par ce qui est parfois appelé le « triangle de l'inaction ». Au premier coin du triangle : les entreprises, qui clament qu'elles attendent que les consommateurs demandent plus de produits écologiques pour les fabriquer, et que l'État crée les conditions réglementaires pour que cette évolution du marché soit profitable. Au deuxième : l'État, qui souhaite que le marché et donc les entreprises et les consommateurs trouvent un intérêt commun sur le marché pour ensuite les accompagner. Au troisième, les citoyens, qui attendent que les entreprises étoffent leur offre écologique et que l'État crée les conditions d'un changement de référentiel.

Au sein de cet ouvrage, nous avons souhaité partager nos connaissances et expériences pour débloquer un des coins de ce triangle : celui des entreprises, **en légitimant une posture stratégique souvent inconfortable, celle du renoncement, propre à la redirection écologique**.

Plusieurs éléments clés ont permis d'amorcer ce mouvement. D'abord, lors de la sensibilisation puis de l'enquête, nous avons vu que les crises à répétition qui affectent la performance des entreprises sont en réalité la manifestation de mouvements structurels qui trouvent une origine dans l'altération par nos modes de vie des milieux naturels. Dans le même temps, nous avons ouvert la notion de soutenabilité à la question des impacts et des dépendances de l'entreprise, en montrant qu'une entreprise compatible avec les limites planétaires sera nécessairement plus pérenne que ses concurrentes. Ensuite, pendant l'arbitrage, nous avons écarté l'image de grandes décisions brutales pour insister sur le long processus qui est nécessaire pour faire plaidoyer, convaincre, puis commencer à réorienter l'organisation. Enfin, nous avons rappelé les racines communes entre les mouvements stratégiques habituels de l'entreprise et les renoncements que la redirection appelle de ses vœux : le désinvestissement, la diversification, la rationalisation des catalogues produits ou clients, etc.

Ce faisant, nous espérons avoir rempli ce qui était l'un des objectifs premiers de cet ouvrage : **ajouter la notion de renoncement dans le spectre des possibilités pour les dirigeants**. Le renoncement doit en effet s'imposer comme une option non seulement courageuse (et il en faudra pour faire ce choix) mais aussi responsable et surtout rationnelle. Nous ne doutons pas que bon nombre de dirigeants d'entreprise, dotés d'un esprit pionnier et défricheur, sauront se saisir de cette opportunité pour assurer la pérennité de leur organisation, mais aussi embarquer d'autres organisations dans leur sillage.

En effet, **la redirection écologique des entreprises doit aussi se penser à l'échelle de son secteur**. L'aspect systémique des enjeux environnementaux et sociaux, que la redirection écologique considère, nécessite que l'entreprise se projette au-delà du seul périmètre de son activité. Comme indiqué dans la phase d'enquête, l'activité d'une entreprise s'inscrit dans un héritage sociétal, constitué entre autres des normes et habitudes du secteur dans lequel elle exerce. Une entreprise seule pourra très rarement modifier ces standards par elle-même.

Dans le but de s'inscrire réellement dans un mouvement sociétal, la redirection écologique de l'entreprise implique donc qu'elle s'engage aussi dans la dynamique de son secteur pour tenter de l'influencer. Cela signifie notamment que les représentants de l'entreprise participent aux activités et réflexions des organes représentatifs du secteur pour porter un plaidoyer sur le respect des limites planétaires. Une majorité de ce type d'organisations se sont emparées des sujets écologiques mais elles l'abordent souvent uniquement par l'angle des moyens et rarement par l'approche des finalités de l'achat et des produits. C'est un travail potentiellement inconfortable pour ces organisations car cela les oblige à remettre en question la raison d'être de leur secteur et d'envisager des renoncements. Cependant, il serait préférable que chaque secteur s'engage dans ces réflexions plutôt que de subir des réglementations à venir qui pourraient ne pas être pertinentes parce que moins informées sur les spécificités du secteur. C'est seulement après cette prise de recul du secteur et des réflexions approfondies guidées par des enquêtes sur le fonctionnement du secteur et des attachements associés, que les organes représentatifs peuvent alors porter un plaidoyer cohérent auprès des instances gouvernementales.

Dans tous les cas, se réinventer en tant qu'entreprise est un processus long qui mobilisera beaucoup de personnes et d'énergie. Il faut installer l'ensemble de l'entreprise dans une posture de marathonien plutôt que de sprinter, sans toutefois perdre de vue l'objectif d'une transformation profonde. Cet objectif ne constitue pas en soi une ligne d'arrivée car l'incertitude du monde reste prégnante pour les décennies à venir.

Transformer en profondeur les entreprises pour les faire atterrir dans le cadre des limites de notre planète est encore un exercice nouveau. Cet ouvrage est également une forme d'exploration visant à définir un premier cadre pour la redirection écologique des entreprises. La multiplication des cas d'étude nous permettra d'enrichir et d'affiner la méthodologie avec le temps et engendrera, nous l'espérons, un effet d'entraînement pour le plus grand nombre d'entreprises possible.

Bibliographie

ADEME, « Changer les comportements, Faire évoluer les pratiques sociales vers plus de durabilité », 2016.

ADEME, « Transition(s) 2050 », 2021.

AGENCE INTERNATIONAL DE L'ÉNERGIE, *World Energy Outlook Report*, 2018.

AVISE, *Valoriser son impact avec la comptabilité multi-capitaux, Cas d'étude Fermes d'Avenir et la Ferme de Cagnolle*, Les études de cas de l'Avise, 2020.

BIHOUIX P., *L'âge des low-tech*, Seuil, 2014.

BONNET E., LANDIVAR D., MONNIN A., *Héritage et fermeture*, Éditions Divergences, 2021.

BRUNEAU C., GIRARD P.-L., *Évolution tendancielle de la productivité en France, en Allemagne, en Italie et au Royaume-Uni depuis 1976*, France Stratégie, 2022.

CCI-PARIS ILE DE FRANCE, *La sobriété au coeur des modèles d'affaire de demain*, Étude prospective, 2023.

CCI-PARIS ILE DE FRANCE, *De la vente d'équipement à celle de l'utilisation ou de la performance*, Étude prospective, 2024.

COLLECTIF FORTES (sous la direction de RENOUARD C., BEAU R., GOUPIL C. et KOENIG C.), *Manuel de la grande transition. Former pour transformer*, Les liens qui libèrent, 2020.

CORNU M., ORSI F., ROCHFELD J., *Dictionnaire des biens communs*, PUF, 2017.

DESAUNAY C., *La société de déconsommation*, Gallimard, 2021.

DOUANNE T., FABRE A., « French Attitudes on Climate Change, Carbon Taxation and Other Climate Policies », *Ecological Economics*, vol. 169, 2020.

DRAGHI M. et al., « The Future of European Competitiveness », *European Commission*, 2024.

GODET M., DURANCE P., *La prospective stratégique*, Dunod, 2011.

GROSSE F., *Croissance soutenable ? La société au défi de l'économie circulaire*, PUG, 2023.

GUERIN C., *Pour aller dans le bon sens*, Éditions du Cherche Midi, 2023.

HALLOY J., MONNIN A., NOVA N., « Au-delà du low tech : technologies zombies, soutenabilité et inventions. Interview croisée de José Halloy et Nicolas Nova par Alexandre Monnin », *Low tech : face au tout numérique, se réapproprier les technologies*, édité par Isabelle Attard (*et al.*), Passerelle 21, 2020.

HAMANT O., *Antidote au culte de la performance. La robustesse du vivant*, Gallimard, 2023.

HENNION A., « Une sociologie des attachements. D'une sociologie de la culture à une pragmatique de l'amateur », *Sociétés*, vol. 3, n°85, 2004.

JANCOVICI J.-M., BLAIN C., *Un monde sans fin*, Dargaud, 2021.

KEUCHEYAN R., *Les besoins artificiels. Comment sortir du consumérisme*, Zones, 2019.

LALOUX F., *Reinventing Organizations*, Nelson Parker, 2016.

LATOUR B., *Où atterrir ?* La Découverte, 2017.

LATOUR B., *Où suis-je ?* Les Empêcheurs de penser en rond, 2021.

MIES M., V. BENNHOLDT-THOMSEN V., « Defending, Reclaiming and Reinventing the Commons », *Canadian Journal of Development Studies*, vol. 22, n°4, 2001.

MITCHELL R. K., AGLE B. R., WOOD D. J., « Toward a Theory of Stakeholder Identification and Salience : Defining the Principle of Who and What Really Counts », *The Academy of Management Review*, vol. 22, n°4, 1997.

MONNIN A., *Politiser le renoncement*, Éditions Divergences, 2023.

MORIZOT B., *Raviver les braises du vivant*, Actes Sud, 2020.

NISA C.F., BÉLANGER J.J., SCHUMPE B.M. et al., « Meta-Analysis of Randomised Controlled Trials Testing Behavioural Interventions to Promote Household Action on Climate Change », *Nat Commun 10*, 4545, 2019.

ORIGENS MEDIA LAB, *L'avenir des piscines municipales face à l'urgence écologique*, Ville de Grenoble, 2021.

PLANETARY BOUNDARY SCIENCE, *Planetary Health Check*, A Scientific Assessment of the State of the Planet, 2024.

RAWORTH K., *La théorie du Donut*, Plon, 2018.

RICHA G., LEDOUX E., *Pivoter vers une industrie circulaire*, Dunod, 2022.

RICHARDSON K. et al., *Earth Beyond Six of Nine Planetary Boundaries*, Sci. Adv., 9, eadh2458, 2023.

ROCKSTRÖM J., STEFFEN W., NOONE K. et al., « A Safe Operating Space for Humanity ». *Nature 461*, 472–475, 2009.

STEFFEN W. et al., « The Trajectory of the Anthropocene: The Great Acceleration », *The Anthropocene Review*, 2015.

THE SHIFT PROJECT, *Approvisionnement pétrolier futur de l'Union Européenne : État des réserves et perspectives de production des principaux pays fournisseurs*, 2021.

THIEVENAZ J., « La théorie de l'enquête de John Dewey : actualité en sciences de l'éducation et de la formation », *Recherche et formation*, 92, 2019.

Remerciements

Les auteurs souhaitent remercier un certain nombre de personnes qui ont permis que ce livre existe : Claire Antoine, Emmanuel Bonnet, Diego Landivar, Alexandre Monnin, Anne-Gatienne, Christophe, Daphné, Maëlle et Mathis, Romain Demissy, Vanessa Weck, Adélaïde Albouy-Kissy, Kevin Cortial, Cédric Bonnefoy et la société 2Mi.

L'ensemble des collaborateurs passés, présents et futurs de sinonvirgule, qui contribuent à trouver des terrains d'application de cette méthode et ainsi à l'enrichir au quotidien.

Les personnes qui ont été interviewées pour le livre : Fabrice Bonnifet, Hélène N'Diaye, Romain Guerry, Karen Lemasson.

Merci à Dunod pour la collaboration et la confiance.

L'ensemble du corps professoral du MSc Stratégie et Design pour l'Anthropocène qui nous ont ouvert la voie sur une vision nouvelle et une multitude de concepts nous permettant de mettre au point ce livre et cette cartographie.

Merci à nous cinq pour cette belle collaboration, riche en réflexion et en création !

87398 - (I) - OSB 90° - NOC - MGS
Imprimerie CHIRAT - 42540 Saint-Just-la-Pendue
Dépôt légal : mars 2025

Imprimé en France

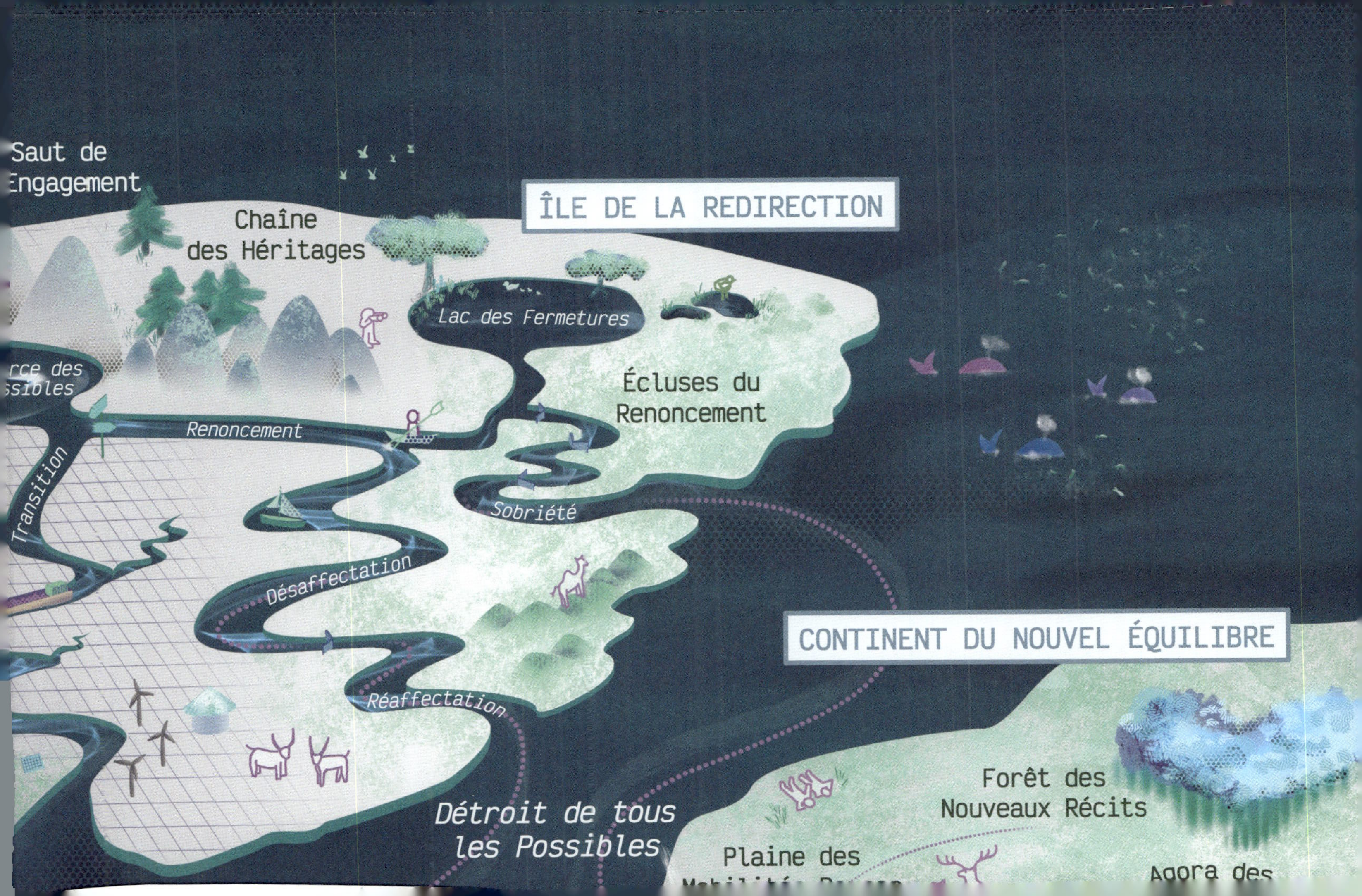
Saut de
Engagement
Chaîne
des Héritages
ÎLE DE LA REDIRECTION
Lac des Fermetures
Écluses du
Renoncement
Renoncement
Transition
Sobriété
Désaffectation
Réaffectation
CONTINENT DU NOUVEL ÉQUILIBRE
Détroit de tous
les Possibles
Forêt des
Nouveaux Récits
Plaine des

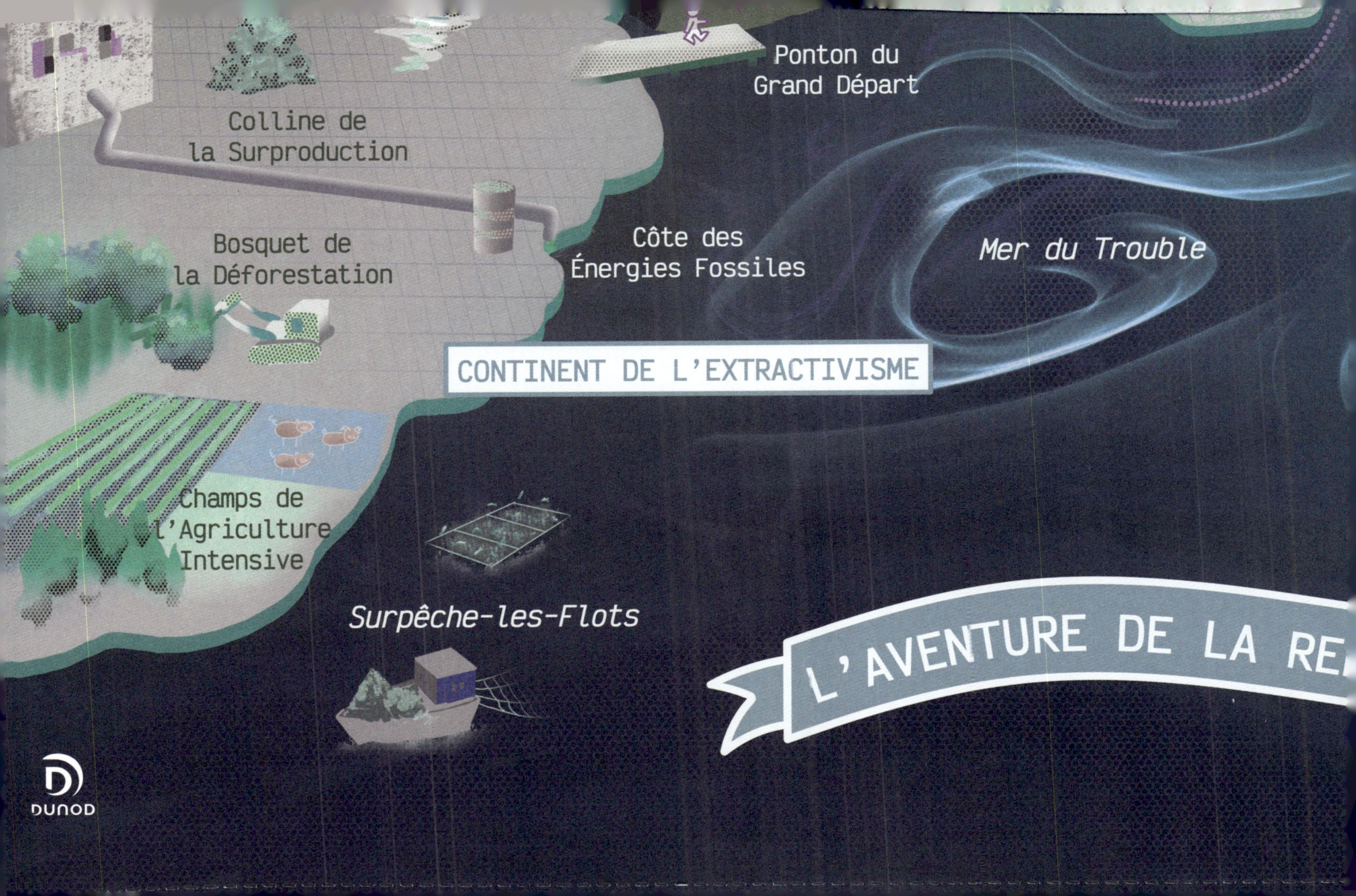
L'AVENTURE DE LA RE
CONTINENT DE L'EXTRACTIVISME
Colline de
la Surproduction
Bosquet de
la Déforestation
Champs de
l'Agriculture
Intensive
Ponton du
Grand Départ
Côte des
Énergies Fossiles
Mer du Trouble
Surpêche-les-Flots
DUNOD

Points-de-Vue
Phare de
la Soutenabilité Forte
Place des
Entreprises Redirigées
Potager
des Pluralités
Village de
la Coopération
Côte des Limites Planétaires
DIRECTION ÉCOLOGIQUE

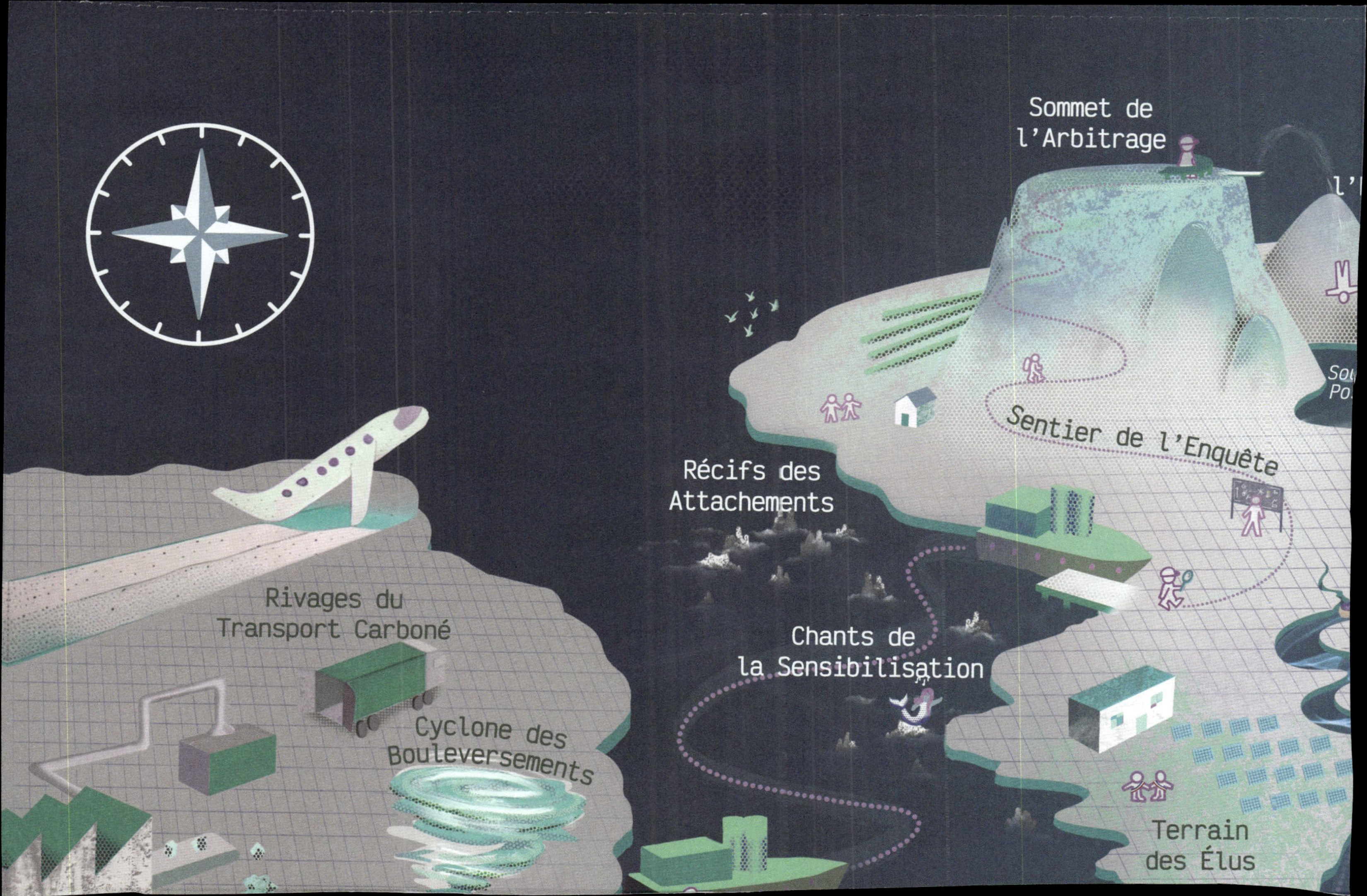

Sommet de
l'Arbitrage
Sentier de l'Enquête
Récifs des
Attachements
Rivages du
Transport Carboné
Chants de
la Sensibilisation
Cyclone des
Bouleversements
Terrain
des Élus

L'AVENTURE DE LA REDIRECTION ÉCOLOGIQUE

DUNOD